什麼樣的禮物可以拯救你的人生？

The Gift: 12 Lessons to Save Your Life

伊蒂特・伊娃・伊格 Edith Eva Eger 著
祁怡瑋 譯

獻給我的病患。

你們是我的老師，

是你們給我勇氣回到奧斯威辛集中營，

展開我的寬恕與自由之旅。

你們的誠實與勇氣仍不斷予我啓發。

目錄

contents

推薦序　選擇的力量是自由的基礎　洪仲清　006
推薦序　看見自己，原來還有很多可能　海苔熊　011
推薦序　內心自由，才是眞正的自由　陳志恆　016
推薦序　只要選擇希望，就有力量找到光明的出口　楊佳恬　020
好評推薦　023
序　解開心牢之鎖──我在死亡集中營學到如何活下去　024

第一章　那現在呢？──受害者心態的牢籠　035
第二章　集中營沒有百憂解──逃避心態的牢籠　055
第三章　其他關係都會結束──自我疏忽的牢籠　079
第四章　一個屁股，兩張椅子──祕密的牢籠　101

第五章　沒人拒絕你，除了你自己——內疚和羞恥的牢籠　113
第六章　沒發生的事——懸而未解的哀痛之牢　125
第七章　沒什麼好證明的——僵化思維之牢　143
第八章　你願意和自己結婚嗎？——怨恨的牢籠　157
第九章　你是邁步前進或原地踏步？——令人癱瘓的恐懼之牢　171
第十章　在你心裡的納粹——偏見的牢籠　189
第十一章　活過今天，明天就自由了——絕望的牢籠　205
第十二章　沒有憤怒就沒有寬恕——耿耿於懷的牢籠　221
結語　禮物　233
謝詞　237

〈推薦序〉

選擇的力量是自由的基礎

洪仲清

「一個人知道自己爲什麼而活，就可以忍受任何一種生活。」——尼采

青少年的時候，就有幸翻閱家裡的《活出意義來》這本書。但大概人生經驗貧乏，沒辦法體會文字背後的深意，也許懵懵懂懂，就擱在書架上疏於細究。

直到上了心理治療的課程，才一次、兩次、三次……漸漸若有似無地懂了什麼。因爲「意義」儘管是一般生活中常見的語詞，但應用在對當事人的心靈治癒，並不是那麼好理解。

從大學到研究所，在不同老師的詮釋下，反覆剖析「意義」這兩個字。坦白說，儘管考試的時候能應答得分，卻感覺相當心虛。直到把《活出意義來》這本書的作者維克多．弗蘭克的生平故事讀進心裡，才算有了些許踏實感。

弗蘭克博士出生於奧地利維也納一個猶太家庭，青少年時期就對精神分析相當有興趣。之後進入維也納大學醫學院，結合精神醫學與哲學，探討意義與價值的議題，這成了他終身研究的重點。

在二戰期間，他被納粹關押在集中營，輾轉在不同集中營度過了三年的時間。戰爭結束之後他才知道，父母跟新婚妻子都在集中營裡過世。

他是先發展了自己的理論思想，然後才遭遇這樣的苦難。他在三年間活出了自己的理論：儘管身體受到限制，但沒有人能剝奪另一個人選擇面對苦難的態度的權力！

「意義治療」是弗蘭克博士所創的治療架構與方法，幫助當事人看見自己擁有的自由意志，也就是任何時候人都有選擇，藉此領悟生命的意義，並且在現實生活中實踐自己的價值觀。所以儘管痛苦與無常難以避免，但我們終究可以選擇用不同的態度去面對。譬如說，當面對身體的病痛時，我們可以接納這是身而為人很自然的一種體驗。在研究上也顯示，當我們對病痛少些焦慮與抗拒，實際上的疼痛感也會相應減少。這是「身苦而心不苦」的一種展現。

因為我們有選擇的自由，也同時對自己的生命負起無人能取代的責任。常見到有人自限於「受害者心態」，可能一輩子反覆傾訴對特定人的抱怨與責備，從當事人一天的樣子幾乎就可以描繪他的一生。可是，不管再怎麼責備，他們還是要為自己的身心靈狀態負責，儘管他們可能宣稱自己沒有選擇，但「選擇不作為」也是一種選擇。

「自由的基礎在於選擇。雖然吃苦受罪是人生在世不可避免的共同經驗，我們總能選擇要如何因應，而我力圖凸顯並善用病患的選擇力，讓他們透過自己的選擇，積極改變人生。」伊蒂特博士同爲集中營倖存者，在當時存在人本主義的浪潮下，也採取了相當接近意義治療的理論，幫助當事人認知到：人永遠都在進行選擇。換另外一種方式說，我們在人生中所做的每個決定，都在決定往後的人生。

她列舉了人生中十二種不同形式的「牢籠」，但透過意知到我們的自由與責任，可以發現每種牢籠裡面埋藏的「禮物」。這些禮物，套用意義治療的說法，便可以是不同的生命意義。「人都有選擇的能力。當外界沒有給予絲毫幫助或養分，我們就有可能在這時發現眞正的自己是誰。最重要的不是我們的際遇，而是我們拿自己的際遇怎麼辦。」我們目前的社會流行「做自己」的說法，但「自己」並非靜態，透過有知有覺的回應，我們進行了應對世界與他人的選擇，一步一步成爲「眞正的自己」。我們可以不斷超越對自我的認識，同時創造與體驗更豐富多彩的人生。

但伊蒂特博士跟弗蘭克博士在理論上不太相同的地方，是她採用了人本治療當中一個相當重要的觀點——無條件的自我關懷。

「我在工作中力求給予病患無條件的愛，好引導他們去發現自由是當我們脫下面具，不再迎合他人賦予的角色與期望，開始無條件地愛自己。」一個人改變的開始，常源自於感受到被愛。這又牽涉到另一個相當流行的說法：「愛自己」。愛自己並非理所當然，因爲社會文化可能給予種種制約——一個人要「有用」才值得被愛。在傳統教養中，常常傳遞的價值觀是有條件的愛，像是孩子要乖要聽話才能被愛，所以孩子要活成父母期待的樣子，必須不能成爲自己，才能得到父母認可。

「有時候，我們逃避的不是惡劣或痛苦的感受，而是良好的感受，我們把自己隔絕在熱情、愉悅、幸福之外。人在受到傷害時，心理上有一部分會去認同加害者，因此有時會對自己採取懲罰的姿態，加害於自己，不准自己感覺良好，剝奪與生俱來的快樂權。這就是爲什麼我常說：『昨日的受害者很容易就會變成今日的加害者。』」傳統教養特別常使用處罰做爲手段，由於「身體髮膚受之父母」的觀念，在以往不管是在身心方面如何對孩子產生傷害，都不會用虐待來看待。回到現代，在學校霸凌同學的孩子，可以發現在家裡往往也遭到父母的霸凌，這也可以用身教的概念來理解。

當我們不懂得尊重孩子爲獨立的個體，就很容易誤以爲「控制是一種愛」，這便是有條件的愛。所以「爲你好」，常常不是眞的爲了孩子，首先是爲了滿足父母個人的期待與需要，甚至因此傷害了孩子——遺棄、性侵、虐待……經常處在被懲罰的狀況下長大的孩子，就可能內化曾被耳提面命的自我挫敗信念，像是「你是白癡喔？」「你不是好孩子。」「沒出息的傢伙！」「你這樣沒有人會喜歡你啦！」……這些自我挫敗的信念，在一個人長大之後，可以帶著自我關懷爲態度的好奇心，去辨識出來，並且重新選擇適合我們的信念，還給自己與生俱來的價値與自由。

「哀悼有助於我們面對過去，最終放下過去，也會清出一塊空間，使自己看見『現在』，選擇從這裡要走到哪裡。」看見過去的自己不被善待，爲自己深深地哀悼，或許經過幾個月或幾年，慢慢釋放那些傷痛，才能好好認識長大後的自己。這個過程或許寂寞漫長，但可以藉由伊蒂特博士用生命完成的這本書，做爲我們的嚮導。

相當推薦這本書，閱讀本書的過程，我也不斷感受到自己內在湧現如同拆開禮物般的興奮與感動。祝福您！

（本文作者爲臨床心理師）

〈推薦序〉

看見自己，原來還有很多可能

海苔熊

不知道你有沒有跑過馬拉松？二十一公里或者是四十二公里，那種一開始跑了，就會開始後悔自己爲什麼要報名的比賽。我年輕的時候有一段時間常常報名馬拉松比賽，一直到現在，那都是我生命裡印象深刻的一段回憶。

我記得有一次跑花蓮東海岸，那段路有上坡有下坡、有海風有烈日，我一邊跑，一邊覺得自己現在眞是身處在地獄當中，身體的每一個細胞每分每秒都在抗議，正當我想放棄，乾脆停下腳步來，等收容車把我載走的時候，我看著眼前標示著公里數的告示牌，跟自己說：「我可以選擇去想『**我還有三十五公里沒有跑**』，或者去想『**我已經跑了七公里**』。哪一種想法對現在的我比較有幫助？」

結果我發現，想像自己已經跑了七公里，感覺比較有動力繼續跑下去。就這樣一直勉強跑到了最後，一路上不知道經歷過多少自我懷疑和想放棄的念頭，終於在三十八公里處停下來吃香蕉做補給的時候，我的雙腳已經開始發腫疼痛，再也沒有辦法往前跑任何一步了，這時候我又同樣問自己那個問題：「我可以選擇去想『**我**

還有三公里沒有跑』，或者去想『**我已經跑了三十八公里**』。哪一種想法對現在的我比較有幫助？」我發現，如果我告訴自己只剩下三公里，或許有機會可以撐過最後這一點點路。於是，拖著沉重的步伐，我又勉強往前「走」了一點，到了終點，雙腳幾乎已經失去了知覺，但卻有一種難以言喻的成就感！

這次的經驗帶給我兩個很大的啓示：第一個，我發現**不管多糟糕的情況，總是會過去的**。而且，正因爲我成功撐過這段經歷，往後再有更多我覺得根本無法完成的事情，我就會告訴自己：「那時候的馬拉松你都跑過了，還有什麼可以難倒你？」第二個，我發現不論是多麼糟糕的情況，我們都可以有所選擇，就像站在每一個寫有公里數的告示牌前，我可以選擇要看我已經跑過的公里數，還是我剩下的公里數一樣，**重點並不在於我做了什麼選擇，而在於我做出的選擇，是否對我有所幫助？**

·你的創傷，也是你的成長·

這本書的作者伊蒂特·伊娃經歷過比馬拉松更像地獄的事情，就是曾經住過納粹集中營，眼睜睜地看著父母親被送進毒氣室死亡。她花了好多年的時間，才願意面對自己的創傷、從困住自己的牢籠裡面走出來，但這個傷口本身，也給予她很強大的力量。每次當她的生命面臨困境時，她都會跟自己說：「當年我都挺過來了，現在還有什麼好怕的？」

當然，這並不代表你永遠都要跟她一樣堅強，而是恰好相反——當你可以允許自己悲傷、允許自己憤怒、允許自己痛苦的時候，接納並且承認這些感受在你身上發生，不要強迫自己當個大人，你才能夠走過悲傷，走過絕望，走進寬恕。

·就算面臨失望，你還是有所選擇·

伊蒂特·伊娃身爲一位存在主義取向的意義治療師，特別關注生命當中的選擇和可能性，這個治療派別有一個很重要的核心想法是：「就算面臨失望，你還是有所選擇。」

許多時候當我們被生命給困住，會覺得自己好像進退維谷，做什麼都不對，甚至每一項選擇都蘊含著可能的失去。可是當你聚焦在自己「可能會失去什麼」的時候，你反而把自己的力量活「小」了——你可能待在一個讓你受傷的關係當中、你可能活在受害者的標籤裡面、你可能被過去的創傷給抓住、你可能持續憎恨一個讓你耿耿於懷的人、你可能逃避那些你不想面對的問題……因爲你太害怕失去了，所以你的防衛機制選擇用各種方式，把自己困住，困在那些負面、貶低自己能量的語言和聲音當中，跟自己說：**你沒有用、你沒辦法、你就是做不到**。

那麼，要怎麼樣把自己的力量活「大」呢？還記得一開始馬拉松里程數的例子嗎？我認為，**你的人生就是你關注的焦點**，當你放大了人生當中的「什麼」，這個「什麼」就會變得鮮明，甚至大到會占據你的視線。慶幸的是，我們可以選擇自己關注的焦點，所以，在前面的例子當中，你可以把那些貶低自己能量的語言轉換成：**我可以、我能夠、我允許自己、我想要**。當你嘗試把這些語言，運用在每一天對自己說話的內在聲音上面，你會發現，雖然許多事情仍然沒有改變，但你似乎變得更自由了。

・接納黑暗，轉身面向陽光・

作者用一個又一個的故事，穿插智慧而有力量的句子，結合認知行為治療、個人中心治療、意義治療等等取向的觀點（我自己覺得還有一些內觀治療／完形取向治療的影子），協助你從一個又一個悲傷、難受、困苦、無望的故事當中，看到那些傷口本身，接納傷口，並且迎向可能的曙光。

當然，走過傷口是一段漫長的旅程，就像伊蒂特．伊娃自己也花了好幾十年的時間，才在婚姻關係當中，看見自己的盲點，並且修復和伴侶的關係；同樣的，她也花了非常多年，重新面對那段她在集中營裡面的過往——儘管她已經是位著名的治療師，都要走這麼長的時間，何況是你我？因此我覺得，當你在讀這本書的時候，如果感覺到「你說的我都知道，但是我就是做不到」，那麼也非常正常，因爲有些事情是需要時間練習的，或許，你還沒有準備好要面對這一切，那麼也不需要強迫自己。當你準備好了，一切都會水到渠成。

生命是一連串選擇的組合，你可以選擇面對，也可以選擇逃避；你可以選擇給自己自由，也可以選擇將自己繼續困在牢籠當中。每一次的選擇將會通往不同的路，而每一條路也會帶你走向不同的人生，如果過往曾經做出一些讓你窒息、難以呼吸的選擇，那麼，從今以後，你願不願意嘗試其他的選擇，給自己的生命一種不同的可能？

翻開這本書，你將會透過一個又一個的練習、一個又一個的問句，看見自己，原來還有很多可能。

（本文作者爲心理作家）

〈推薦序〉

內心自由，才是眞正的自由

陳志恆

我遇過很多前來求助的人，對生活有諸多抱怨。像是對工作不滿、遇到難搞的上司、夫妻失和、孩子難教、經濟不景氣、有志難伸、原生家庭帶來傷害等，他們爲此而感到困擾，甚至長期痛苦煎熬。

我總是會問：「面對當前的困境，你希望有什麼不同？」

對方常會這麼回答：「我希望先生不要脾氣這麼暴躁！」「我希望父母可以支持我的夢想！」「我希望老闆別再爲難我！」「我想要說服同事聽我的！」

人人都想脫困，但都期待別人先改變。這看似有道理，因爲問題出在別人身上，所以脫困的唯一辦法，就是讓對方改變。於是，你會使出洪荒之力，試圖要對方改變，卻換來對方更大的抗拒。接著，你感到心灰意冷、無能爲力，你覺得自己什麼也做不了，只能逢人就抱怨，至少，抱怨能討來關心。

沒錯，處在不友善的環境，或者遇人不淑，確實令人感到萬分痛苦，然而，改變外在處境，眞的就是終極解決之道嗎？許多人有著令人羨慕的家世背景、工作、職位、身分、收入，卻也是煩惱重重，看什麼都不順眼。那麼，到底要擁有多少才會快樂呢？

所以，我總是會進一步問：「面對這樣的困境，你希望自己有什麼不同？」問這句話的意義就是希望將改變的焦點，放回自己身上。我想暗示對方：第一，面對看似難以撼動的處境，你仍是有選擇的；第二，人生快樂滿足與否的責任，在自己身上。如果總要別人先改變，才會感到滿意，那麼，你就是在把自己的情緒責任推到別人身上，要求別人幫你負責。當別人不改變時，就只剩下抱怨一途，把自己放在受害者的位置上，要別人來關注你。這個道理不難懂，但我們卻常常忘記，包括我自己在內。

在寫這篇文章時，臺灣正面臨嚴峻的挑戰。因新冠病毒肆虐，疫情升溫，三級警戒持續中，我已經守在家中好幾個禮拜了。我是個自由工作者，以到處授課爲主要收入來源，但疫情爆發後，瞬間所有的課程都被迫取消。一開始，我還滿淡定的，心想：難得空出一段時間可以好好休息或專心寫作，手上還有幾個待完成的書稿呢！

隨著三級警戒的時間不斷延長，我開始慌了！我發現，遙遙無期的行動限制，短期之內，收入肯定掛零，而且這樣的慘狀不知道還要延續多久。隨著內心不斷出現的不安與慌亂，我開始抱怨，就是有人防疫鬆懈，害得大家一起受苦。我也抱怨政府沒能力快刀斬亂麻。那陣子，我不是常愁眉苦臉，就是脾氣暴躁，大大影響到一樣居家辦公的太太。

太太問我：「你一直咒罵別人，要不要想一想目前的你可以做些什麼？」太太的這番話，有如當頭棒喝。我都忘了，那些常常對求助者的提醒，怎麼沒能用在自己身上呢？於是我靜下來思考：「我要的是什麼？此刻，我能做的是什麼？」

一旦靜下來面對自己時，心頭浮現了一個念頭：「安定。」對！我需要讓自己先安定下來，接受現狀，才有清明的頭腦去思考自己還能做些什麼。

那一刻起，我突然感受到內心是自由的。當內在自由時，外在如何變動，都無法困住我們了！

這本書就是要教導你，如何達到內心自由的境界。相對於內心自由，作者在書中提到了「心囚」的概念。我們往往把自己鎖進內心的牢籠，以爲自己毫無選擇，卻不知道釋放自己的鑰匙，其實已經握在手中。

本書作者伊蒂特博士，是享譽國際的心理治療師。十七歲時被抓進奧斯威辛的納粹集中營，好幾次歷經生死關頭，受盡無情的折磨，當從人間煉獄中獲救時，身邊的親人卻也一一離世了。她是重大災難中的受害者，也是倖存者，我想，她的身上應該有著巨大的創傷吧！然而，她是如何在人生的後半段，成爲能引領他人走出傷痛的心靈導師呢？甚至，她的幾本著作，都爲全世界無數的靈魂，帶來巨大而溫暖的力量。確實，那些創傷深刻地影響她接下來的人生。在這本書中，你會讀到她的眞誠袒露：她也曾逃避，試圖壓抑那些痛苦，說服自己遺忘過往，或假裝一切都不曾發生。最終，她終於領略，只有誠實地面對自己，去接近那些悲傷、憤怒、無助與恐懼，才有可能從過去的痛苦中解脫，最終，擁有眞正的自由。

伊蒂特博士用自己和病患的故事提醒我們，人是如何把自己關進自己親手打造的牢籠中。我們以爲沒有選擇，事實上是不願意正視內在的恐懼、沮喪、孤獨，以及對自身的嫌惡，而讓自己持續處在痛苦的現狀中，最爲熟悉也最感安心。

閱讀這本書，讓我深刻理解，人生所有體驗到的一切可以是詛咒，也可以是禮物，端視你用什麼樣的態度與觀點，來看待你身處的世界。

人們終其一生，汲汲營營，忙碌追尋，究竟爲了什麼？說穿了，就是感受到內心眞正的自由。一個內心自由的人，他的世界無限寬廣，力量能無限延伸。不論外在世界如何險峻，他會知道，自己永遠是有選擇的。

這本書正能引領你走向內心自由之路，很榮幸能爲此巨作的中文版撰寫推薦序，邀你細細品嘗，用心體會。無論如何，你都是有選擇的。

（本文作者爲諮商心理師）

〈推薦序〉

只要選擇希望，就有力量找到光明的出口

楊佳恬

我是噙著淚水讀完這本書的。

伊蒂特．伊娃．伊格是位國際間知名的心理治療師，也會不時到歐洲進行講座。她的《抉擇》一書，在歐洲德語區更是被譽為「一般大衆和心理治療師此生必讀的書。」非常榮幸獲邀閱讀她的新作中文版《什麼樣的禮物可以拯救你的人生？》（德文翻譯版本還比臺灣慢好幾個月才要出版呢！）伊蒂特博士樸實的筆觸，每字每句都在我心中引起溫暖的聲響。

我在好山好水的奧地利成長，這個國家孕育出納粹獨裁者希特勒，他親手消滅自己的故鄉，將奧地利降級為一個省，好納入大德國版圖；他掀起了第二次世界大戰，也計畫性地迫害及殺戮了數百萬猶太人。這些歷史課本上面的條文，卻是伊蒂特博士的實際人生。

她的匈牙利背景也讓我心中翻攪不已，匈牙利為奧地利鄰國，在歷史上有著密不可分的愛恨情仇。我先生的曾外公也是匈牙利人，一百多年前，他隻身來到奧地

利打天下，開了家小裁縫店，也在這裡落地生根。作者在書中提到自己特別愛吃的紅椒雞，也是我最愛的一道匈牙利料理。我稍算了一下，曾外公跟作者的父母親是差不多時代的人，然而，他們的人生道路，卻是天壤之別……

十幾歲的伊蒂特博士，只因爲她是猶太人的身分，就被硬生生送入集中營，目睹父母被殺戮，經歷了人間煉獄。她撐過來了，戰後移民到美國，展開新的人生，有家庭有事業，更是成爲了幫助無數人的心理治療師。聽起來就像勵志小說的主角不是嗎？但她也告訴我們，很多時候，我們看起來好好的，但心中的傷口依舊抽痛著。她用著誠摯又直接的態度，對我們敘述心中數十年來的心路歷程。

作者在書中敘述了自己身爲心理治療師，接觸到的各類實際個案，也讓我發現，雖然文化民情不同，然而，不論是在日常生活、工作、人際關係、家庭互動上，在世界各個角落有那麼多人，都在人生中跌倒過，也都有被深深傷害過的經歷，有著說不出口的傷痛，擁有許多相似的情緒，也有許多相似的掙扎。在黑暗中匍匐前進的我們，怎麼也找不到出口。我在作者細細書寫的個案中，也訝異地看到自己心中長久以來，不願意面對的窘境。

更難能可貴的是，她不會去比較每個人的痛苦，而是非常實際地告訴你，可以選擇自己的心境，可以選擇如何去應對！面對每一種不同的情緒和傷痛，她提出了人人都能夠進行和實踐的練習，只要你願意去做。比如說，我們每個人何嘗不知道「要多愛自己一些」的重要性，但是，到底要如何愛自己？作者提出一些簡單又實際的練習，我抱著「來試試看吧」的心情，照她說的，站在鏡子前面，對著自己的眼睛大聲說：「妳一輩子都擁有自己。」「有我在，我會陪著妳。」「我永遠不會離開妳。」我天眞地覺得這幾句話很容易，但是當我看著自己的眼睛，才猛然發現，我竟然說不出口。

作者也在字裡行間讓我們知道，我們不用比較誰比較痛苦，也不需要爲自己的傷痛感到羞愧，只要我們願意，都能夠選擇自己要如何面對生命課題中的坑坑洞洞。我們可以選擇怨天怨地怨國家，也可以選擇希望，擦乾淚水昂首走下去。只要能活下去，就一定還有希望。

當我終於看著鏡子中自己的眼睛，再度做作者建議的練習，我成功地說出了那幾句話。淚水無預警地湧出眼眶，我的心中同時湧出了新的力量和勇氣。

謝謝妳，伊蒂特·伊娃·伊格，謝謝妳給我們如此溫暖有力的禮物！謝謝妳，讓我了解，就算身處黑暗的幽谷，只要選擇希望，就有力量找到光明的出口。

（本文作者爲《小國也可以偉大：我在奧地利生活學習的第一手觀察》作者）

好評推薦

選擇用怎樣的視角看待過去，就決定了自己擁有怎樣的人生。這本書告訴我們，每個人都有這個選擇的權利，生命的轉化並不是改變曾經發生的事，而是如何以更高的意識去詮釋自己的故事，若能如此，過去的苦痛就有了意義，而療癒也就在其中發生。

——作家／彭樹君

〈序〉解開心牢之鎖——我在死亡集中營學到如何活下去

一九四四年春，我十六歲，和父母及兩位姊姊住在匈牙利的卡夏城。戰爭的徵兆和種族偏見包圍我們——釘在大衣上的黃星❶徽章、把我們的舊公寓給占領的匈牙利納粹「箭十字黨」、傳遍全歐的前線消息和德國占領報導、父母隔著餐桌交換著憂慮眼神、我因爲是猶太人而被踢出奧運體操隊那可怕的一天……然而，當時我卻幸福地沉醉在花樣年華的日常煩惱中：和初戀男友艾瑞克沉浸在愛河中，他既高大又聰明，我們是在讀書會上認識的。我回味著我們的初吻，欣賞著家父爲我設計的藍色絲綢新禮服，記錄著自己在芭蕾和體操教室的進步，和大姊、二姊有說有笑。我美麗的大姊名叫瑪格達，二姊克拉拉在布達佩斯的一所音樂學院主修小提琴。

然後一切都變了。

在一個寒冷的四月天，天剛破曉，卡夏城的猶太人就遭到逮捕，集體囚禁在城市邊緣的一座舊磚廠裡。幾星期後，家父、家母、瑪格達和我被裝上俗稱「牛車」的車廂，送往奧斯威辛集中營。抵達集中營當天，我的雙親就命喪毒氣室了。

在奧斯威辛的第一晚，我被迫為約瑟夫．門格勒獻舞。門格勒是親衛隊軍官，人稱「死亡天使」。那天就是由他察看新來的人，從候選隊伍中挑出母親，把她送上死路。「跳舞給我看！」他命令道。我站在營房冰冷的水泥地上，怕得渾身僵硬。外頭，營地的樂隊奏起華爾滋舞曲〈藍色多瑙河〉，我想起家母的明訓：「沒人能奪走裝進妳腦袋裡的東西。」我閉上雙眼，躲進內在世界裡。想像之中，我不再是死亡集中營裡又冷又餓、為喪親心碎的囚徒，而是站在布達佩斯歌劇院的舞臺上，跳起柴可夫斯基芭蕾舞劇中的茱麗葉一角的舞蹈，在這個私密的避難所裡，我拿出意志力，逼自己手舞足蹈起來，拚盡全力為活下去而舞。

在奧斯威辛度過的每一刻都是人間地獄，但那裡也是最好的教室。在喪親、酷刑、飢餓與持續不斷的死亡威脅下，我找到了求生存、求自由的工具。時至今日，我在臨床心理治療的工作和生活中，依舊每天持續應用這些工具。

二〇一九年秋天，撰寫本篇序言之際，我已九十二歲了。我在一九七八年拿到臨床心理學博士學位，至今為病患提供治療已四十多個年頭。我輔導過退伍軍人、

❶ 即猶太星，俗稱黃星，納粹統治期間用來識別猶太人的標誌。

性侵倖存者、學生、民間領袖和執行長；協助過力抗上癮症、焦慮症和憂鬱症的人；指點過怨恨難解及渴望重燃愛火的夫妻；幫助過親子學習如何一起生活或各自分開獨立。身爲一位心理學家、母親、祖母、曾祖母，身爲自己及他人言行舉止的觀察家、奧斯威辛集中營的倖存者，我要在這裡告訴你：最可怕的牢籠不是納粹把我關進去的地方，而是我爲自己建造的心牢。

你我的人生可能截然不同，但你或許懂我的意思：許多人都覺得受困於自己的心牢。我們的感受、作爲和對可能性的想像，都受到自身想法和意念的決定與限制。在心理治療的工作中，我發現儘管「囚念」展現出來及發揮作用的方式因人而異，但有些造成痛苦的心牢是大家普遍共有的。本書是一本實用的指南，幫助我們認清自己的心牢，並找到走出心牢、獲得自由的工具。

選擇的力量是自由的基礎。戰爭的最後幾個月，我的選擇很少，無從脫逃。匈牙利籍猶太人是歐洲最後一批被送到死亡集中營的人，在奧斯威辛待了八個月以後，就在俄國軍隊打敗德國之前，包括我和姊姊在內，一百多名囚犯從奧斯威辛撤走，從波蘭穿過德國，一路行軍到奧地利。我們沿途在工廠裡做奴隸活，坐在火車車頂爲德軍運送彈藥，用肉身保護貨物，抵擋英軍投下的炸彈（英國人無論如何還是會轟炸那些火車）。

囚禁了一年多之後，一九四五年五月，姊姊和我在奧地利的貢斯基興集中營獲釋。包括我們的雙親在內，其他所有我認識的人幾乎都死了。在不斷的毒打之下，我的背脊骨斷了，我餓著肚子、體無完膚，倒在一堆屍體裡動彈不得，這些人生前就像我一樣拖著病體、沒東西吃，他們已經不行了。我沒辦法抹除自己的遭遇，無力控制納粹要把多少人塞進牛車或焚化爐，或趁戰爭結束前消滅越多猶太人和「不良分子」越好。我不能改變這整套不人道的系統，也不能扭轉六百萬無辜民眾死於集中營大屠殺的事實。我唯一能做的，就是決定自己要對恐怖與無望做何回應。不知哪來的力量，我默默在心裡選擇了希望。

但熬過奧斯威辛只是我通往自由的第一段旅途。數十年來，我始終是一個困在過去的囚徒。表面上我做得很好，看似拋下過去的創傷向前走，我和畢拉結爲連理，他出身於普勒索夫一個顯赫的家庭，戰爭期間曾是游擊隊員，在斯洛伐克的山林間打擊納粹。我當了媽，逃離歐洲共產主義國家，移民到美國，省吃儉用、力爭上游，四十幾歲去上大學，成爲高中老師，再回學校攻讀教育心理學碩士及臨床心理學博士。即使到了研究所後期的臨床實習期間，致力於助人療傷、接下一些最棘手的個案，我還是在躲，還是在逃避過去，否認悲痛與創傷，輕描淡寫裝沒事，試圖取悅他人，把事情做到完美，把長久以來的積怨與失望怪在畢拉頭上，拚命追求成就，彷彿能彌補所失去的一切。

我在德州布立斯堡的威廉・博蒙特軍方醫療中心，爭取到一份競爭激烈的臨床實習工作。當我抵達醫療中心，披上白袍、別上名牌準備上班時，看見名牌上寫著：精神科伊格醫生。有那麼一瞬間，我恍惚覺得這行字變成「冒牌醫生伊格」。就是在那個當下，我領悟到若是不先治療好自己的傷，遑論去為別人療傷？

我採取的療法兼容並蓄，以直覺為本，融合了洞察取向及認知取向的理論與實務。我稱之為「選擇療法」，因為自由的基礎在於選擇。雖然吃苦受罪是人生在世不可避免的共同經驗，我們總能選擇要如何因應，而我力圖凸顯並善用病患的選擇力，讓他們透過自己的選擇，積極改變人生。

我的工作以四大心理學核心原則為根據：

一是馬汀・塞利格曼和正向心理學「習得無助」的概念——若是自認對人生無能為力、做什麼都不能改善結果，我們就會陷自己於痛苦煎熬中，但若善用「習得樂觀」，拿出力量、韌性與能力，為人生創造意義與方向，就會發光發熱。

二是認知行為療法，亦即體認到是想法創造了行為與感受。要改變有害、無效或自我妨礙的行為，就必須改變自己的想法，將負面的意念轉為有助於成長的意念。

三是無條件的正面自我評價的重要，提出這套觀念的是對我影響至深的導師卡爾．羅傑斯。人有許多痛苦都源自「露出眞面目只會討人厭」的錯誤觀念，我們總以爲要否認或藏起眞實的自我，才能贏得他人的接納與認同。我在工作中力求給予病患無條件的愛，好引導他們發現自由是當我們脫下面具，不再迎合他人賦予的角色與期望，開始無條件地愛自己。

最後，我的工作秉持和維克多．弗蘭克共有的一個領悟。弗蘭克是我敬愛的良師益友，我們都是奧斯威辛的倖存者，也都領悟到「最惡劣的經驗可以是最好的老師，爲我們帶來意想不到的發現，開啓新的可能和觀點。」療癒、圓滿和自由，一方面來自於我們選擇如何因應人生大小事的能力，二方面來自於我們從人生經驗中創造意義、找到目標的能力——尤其是從痛苦的經驗中。

自由是終其一生的練習，也是我們每天都有機會一次又一次做出的選擇。說到底，自由需要希望。我對「希望」的定義有二：一是知道不管有多苦都是暫時的，二是發現「接下來會怎麼樣」的好奇心。「希望」解開心牢的門鎖，讓人活在現在，不再困於過去。

‧重要的不是際遇，而是我們拿自己的際遇怎麼辦‧

獲釋四分之三個世紀後，我還是會做噩夢，還是會冷不防想起過去。未來我仍會悼念逝去的雙親，至死方休。他們沒有機會看到四個世代的子孫從死亡的灰燼中誕生。恐懼常駐我心，對於已經發生的事情，從輕描淡寫或試圖遺忘中是找不到自由的。

但「記得」和「重視」那段往事，跟「陷在」過去的內疚、恥辱、氣憤、怨恨或恐懼之中截然不同。我可以面對既定的事實，同時也記得自己不管失去了什麼，還是不斷選擇愛與希望。就連在那麼痛苦、無力的絕境中都有選擇的能力，對我而言，這實在是奧斯威辛那段日子給我的一份禮物。

無論來自死亡集中營的是什麼，稱之為「禮物」似乎都不太對。地獄豈能生出美好事物？時時心懷恐懼，深怕隨時會從候選隊伍或營房裡被拖出來，丟進毒氣室。煙囪竄出的黑煙無所不在，提醒我已經失去和可能失去的一切。我不能控制那窮凶惡極、毫無道理可言的處境，但我可以專注於腦袋裡的想法，我可以有反應，但不要表現出來。奧斯威辛提供了一個機會，讓我發現內在力量和選擇力，若不是那段經歷，我永遠也不會知道自己身上有哪些可以仰賴的東西。

人都有選擇的能力。當外界沒有給予絲毫幫助或養分，我們就有可能在這時發現眞正的自己是誰。最重要的不是際遇，而是我們拿自己的際遇怎麼辦。

逃出心牢之時，我們不只掙脫了束縛，而且有了行使個人意志的自由。我第一次體認到積極自由和消極自由的差異，是一九四五年五月貢斯基興集中營解放日那天，當時我十七歲。美軍第七十一步兵師前來解放營地，我倒在泥地上一堆屍體和垂死之人當中。事隔多年，我還記得美國大兵的眼裡滿是震驚，他們臉上都綁了繃帶，以抵擋腐肉的惡臭。甫獲自由的幾小時，我看著那些還能走路的囚友們走出牢門，不一會兒，他們又折返回來，頹然地坐在營地的草地上或營房蒙塵的地板上，無力前進。蘇聯武力解放奧斯威辛集中營時，維克多．弗蘭克也注意到相同的現象：雖然不再被囚禁，但許多人在生理上或心理上對那份自由還反應不及，飽受疾病、飢餓與創傷的摧殘，沒有能力爲自己的人生負責任，我們簡直想不起來要怎麼做自己。

雖然終於掙脫了納粹的魔掌，但還不自由。

我現在知道破壞力最強的牢籠在我們心裡，而鑰匙就在自己的口袋裡。無論多痛苦，無論牢籠的鐵條多堅固，我們都有可能掙脫令自己裹足不前的東西。做來不容易，但很值得一試。

·不斷成爲眞正的你，就是開啓自由的終極之鑰·

從囚禁到獲釋，再從獲釋到眞正的自由，在《抉擇》一書中，我訴說了這段歷程的故事，讀者紛紛跟我分享他們面對過去、療傷止痛的故事，這一切再再令我受寵若驚且心生謙卑。我們得以彼此交流，有時是當面，有時是透過電郵、社群媒體或視訊，許多我聽來的故事都收錄到這本新作當中（爲了保護隱私，人名和其他辨識身分的細節做了修改）。

如同我在《抉擇》一書中所言，我不想讓人讀了我的故事心想：「跟她比起來，我的痛苦不算什麼。」我希望大家想的是：「如果她都可以做到，那我也可以！」關於我爲自己和病患所做的心理治療，許多人都請我提供實用的指南，於是有了這本書。

我在每一章探討一個常見的心牢，先用我的人生故事和臨床工作上的實例，說明每一種心牢的影響與挑戰，再以掙脫那座心牢的竅門作結。有些竅門是以問題的形式呈現，你可以把這些問題當成寫日記的題材，或拿來和你的知心好友或心理師討論，而有些竅門則是具體的行動步驟，你可以現在就採取這些行動來改善人生和人際關係。雖然傷痛的痊癒不是一直線的過程，但我刻意按照自己走向自由的歷程排列章節次序。話雖如此，這些篇章皆可獨立閱讀，或依任何順序來閱讀。你的歷程由你主宰，歡迎你隨著自己的心意使用本書。

此外，我提出了三個初步指導原則，助你邁開第一步，踏上通往自由之路。

我們要準備好了才會改變。

有時是離婚、意外、疾病或死亡等艱難的處境，迫使我們面對問題的癥結、嘗試別的出路；有時是內心的痛苦和未能滿足的渴望變得震耳欲聾、揮之不去，一刻也不容我們再忽視下去。但這份準備無法由外而內，急不得也勉強不來，要等到你的內在起了微妙的變化，到你下定決心告訴自己：「截至目前爲止，我都是這樣過來的。從現在開始，我不會再跟以前一樣了。」這個時候，你才終於準備好了。

改變的轉捩點，在於打破那些對我們不再有好處的習慣和模式。

如果想爲人生帶來有意義的改變，不能只是拋棄不良的習慣或想法，而是要用健康的做法或心態來取代。選出自己的方向和目標，像是你找到一根箭頭，跟著箭頭走。站在旅途的起點，不只是要思考自己想掙脫的是什麼，還要思考你想自由地做些什麼或成爲什麼。

所謂改變人生，是要成爲眞正的你。

最後，所謂改變人生，不是要成爲一個全新的你，而是要成爲眞正的你——僅此一顆、空前絕後、無可取代的鑽石。發生在你身上的每一件事，目前爲止做過的每一個決定、用過的每一個辦法，一切的一切都很重要，都有它的用處，不需要丟掉一切從零開始。無論你做過什麼，是那一切帶你走了那麼遠，走到這一刻。

不斷成爲眞正的你，就是開啓自由的終極之鑰。

第一章

那現在呢？——受害者心態的牢籠

根據我的經驗，受害者會問：「爲什麼是我？」求生者則問：「那現在呢？」

痛苦無人可免，但受害者心態是個人的選擇。人生在世難免受到他人或環境的傷害或壓迫，爲人多善良或做事多努力都不能保證什麼，唯一能保證的就是人都會有痛苦。外在因素和遺傳因素或許難以控制或無法控制，我們不得不受到這些因素的影響，但每個人都能選擇要不要繼續當個受害者。我們不能選擇自己的遭遇，但確實可以選擇要對自身遭遇作何反應。

許多人之所以留在受害者心態的牢籠裡，是因爲下意識覺得這樣比較安全。我們一遍又一遍地自問「爲什麼」，以爲找到原因，痛苦就會減輕。「我爲什麼得癌症？」「爲什麼失業？」「爲什麼被劈腿？」我們試圖找出答案弄明白，彷彿有個合理的原因能解釋事情爲什麼是這樣。但在追問「爲什麼」的時候，就等於一直在找一個怪罪的對象，這個對象也包括自己。

「這件事爲什麼發生在我身上？」反過來問好了：「爲什麼不呢？」我之所以落入集中營又存活下來，或許是爲了成爲一個活生生的例子，好在這裡現身說法，爲你示範如何不當受害者，改當求生者。不問「爲什麼是我？」改問「那現在呢？」我就不再著眼於已經發生（或正在發生）的壞事爲什麼會發生，而是開始思考自己可以拿這段遭遇怎麼辦。我不再尋尋覓覓，想找到一個救星或代罪羔羊，而是著眼於我的選擇與可能性。

我的父母不能選擇他們人生的終點，但我有很多選擇。包括我的雙親在內，死了數百萬人，我卻活了下來。我可以選擇內疚地活著，也可以選擇掙脫過去的魔爪，過我的生活、做我的工作、療我的傷，擁抱我的力量與自由。受害者心態是心的屍僵❶，是困在過去、困在痛苦、困在失去與匱乏中動彈不得，糾結於自己「不能做的事」和「沒有的東西」。

走出受害者心態的第一個工具是：無論發生什麼事，輕輕擁抱正在發生的事情。這不代表你必須愛上這件事。但當你不再掙扎、不再抗拒，你就有更多精力和餘裕去想像「那現在呢？」比起原地踏步，不再糾結的你可以邁開步伐，找出自己此時此刻想要什麼、需要什麼，還有從這裡出發要去到哪裡？

每個行爲都滿足了一種需求。許多人選擇繼續當受害者，因爲這個身分讓我們不必負半點責任。但自由是要付出代價的，必須爲自己的行爲負責——即使是在非我們所致或非我們所選的情況中。

❶法醫學術語，指死後身體僵硬的現象。

・只要你想，就控制得住・

人生充滿意想不到的事。四十五歲的艾蜜莉是兩個孩子的母親，過了十一年幸福的婚姻生活。聖誕節前幾週，孩子們上床睡覺後，她和老公坐了下來。艾蜜莉正想提議兩人一起看個電影，但他看著她，冷靜地說出打亂她人生的話語：「我認識了一個人，我們彼此相愛，我覺得妳和我不該再維持婚姻關係了。」

艾蜜莉震驚不已，覺得看不到前方的路，接著又發生另一件意想不到的事。她得了乳癌，碩大的腫瘤需要立刻接受高強度的化療。剛開始治療的前幾週，她覺得自己整個人都垮掉了，老公暫時不提離婚，陪她度過化療的幾個月，但艾蜜莉陷入一片茫然。「我心想整個人生都完了。」她說，「我心想自己就是一個快要死掉的女人。」但癌症確診後八個月，我再和她談話時，她剛動完手術，而且接收到了更意想不到的消息：她達到完全緩解，也就是醫學上指的完全沒有癌細胞，人體恢復正常的狀態了。

「醫生想都沒想到。」她說，「真的是奇蹟。」癌症走了，老公也走了。化療結束後，他說他已拿定主意，租好了一間公寓，他想離婚。「我怕得要死。」艾蜜莉告訴我：「現在，我得學著活下去。」

對孩子的擔憂、被背叛的痛、經濟壓力和寂寞的心情無邊無際，感覺就像掉下懸崖一樣。「我還是很難接受自己的人生變成這樣。」她說。離婚讓她最深的恐懼成眞。打從四歲時，母親罹患臨床憂鬱症起，艾蜜莉就對遭到遺棄懷著深深的恐懼。父親用工作來逃避，絕口不提母親的病，讓艾蜜莉自己看著辦。母親後來自殺身亡，無異於爲艾蜜莉證實了她知道但不想面對的事實：妳愛的人會消失。「十五歲起，我一直都有男朋友。」她說，「我從沒學過愛自己、欣然接納自己、靠自己幸福快樂。」說到「愛自己」三個字，她難過得都哽咽了。我常說要給孩子根基和翅膀，其實對待自己也是一樣的。你唯一擁有的就是自己。你生來是一個人，死時也是一個人。所以，就從早上起床走到鏡子前開始，看著自己的眼睛說：「我愛你。」「我永遠不會離開你。」抱抱自己、親親自己。試試看！然後繼續每天陪在自己身邊一整天。

艾蜜莉問：「但我要怎麼面對老公？我們見面的時候，他一副很平靜、很輕鬆的模樣。他很滿意自己的決定，可是我的情緒全都湧上來了，我對著他哭。一看到他，我就控制不住自己。」

「只要妳想就控制得住。」我告訴她：「但妳得有那個意願，我沒辦法讓妳生出控制自己的意願來。我沒有這種力量，妳才有。下定決心。妳可能很想大哭大叫，但除非對自己有好處，否則不要有那些行爲。」有時只要一句話，就能指出一條走出受害者心態的明路：「這對我有好處嗎？」和有婦之夫上床對我有好處嗎？吃一塊巧克力蛋糕對我有好處嗎？狂捶出軌老公的胸膛對我有好處嗎？去跳舞對我有好處嗎？幫助一個朋友呢？助人是讓我筋疲力竭，還是讓我覺得自己有力量？走出受害者心態的另一個工具，就是學習與孤單共處。大部分人最怕的莫過於孤單寂寞，但當你愛上了自己，獨處就不等於孤單寂寞。

「愛自己對妳的孩子也好。」我告訴艾蜜莉：「讓孩子看到妳永遠不會失去自己，他們也會覺得自己永遠不會失去妳。孩子知道有妳在，所以可以放心過日子，而不是妳擔心他們、他們擔心妳，每個人都擔心來、擔心去。對孩子和對妳，都要說：『有我在，我會陪著你。』妳要給他們（和自己）一件從來沒有過的東西，那就是一位健康的母親。」

一旦開始愛自己，我們就會開始修補內心的破洞，填滿那些彷彿永遠填不滿的地方。我們也會開始有新的發現。「啊哈！」我們學會說：「以前我怎麼沒發現呢？」我問艾蜜莉，在過去八個月的混亂中，她發現了什麼？她的眼睛一亮。

「我發現身邊有好多很棒的人——有家人，有朋友，還有治療期間新交的朋友。醫生說我有癌症時，我心想自己的人生完了。可是事到如今，我卻認識了那麼多人。

我學到可以跟病魔對抗，我是有力量的。我花了四十五年才學到這一點，但很慶幸自己現在知道了，我的新人生已經展開了。」

即使是在惡劣的處境中，我們都能找到力量與自由。親愛的，你的心態操之在你，所以，當自己的主宰吧！不要當灰姑娘，整天坐在廚房裡，等一個有戀足癖的傢伙上門，沒有什麼王子和公主，因爲你需要的愛和力量都在你心裡。所以，寫下你想達成的目標、想過的生活、想要的伴侶。帶著拳擊手的氣勢抬頭挺胸出門去、加入互助團體，和處境相同的人彼此關懷、照顧，一起爲了一個更大的目標努力，然後拿出你的好奇心，問自己：「那現在呢？接下來會怎樣？」我們的腦袋會想出各種聰明的辦法保護自己。受害者心態是一面誘人的盾牌，因爲它暗示我們：只要讓自己成爲沒有過錯的一方，傷口就會少痛一點。只要艾蜜莉將自己視爲受害者，她就可以把幸福與否的責任和責備都算在前夫頭上。受害者心態讓人藉由不成長而獲得虛假的喘息，在受害者心態中沉浸得越久，就越難脫離出來。

「妳不是受害者。」我告訴艾蜜莉：「那不是眞正的妳。妳只是擁有一段受到傷害的遭遇而已。」

我們可以既有責任又很無辜，既是受傷的一方，也是該負責的一方。受害者心態帶來的一點好處是次要的，有所成長、好起來、向前走才是最重要的收穫。爲了好起來，我們可以放棄當個受害者。

．將自己從受害者心態中釋放出來．

走出受害者心態，才能迎向接下來的人生。

芭芭拉喪母一年後聯絡我時，她正在摸索要怎麼走出來。以六十四歲的年紀來說，她看起來很年輕，不只皮膚光滑，一頭金色的長髮還做了挑染。但她的心裡彷彿懷著沉重的負荷，一雙藍色的大眼睛裡滿是憂傷。

芭芭拉和母親的關係很複雜，所以她的喪母之痛也很複雜。母親爲人苛刻，控制欲又強，她的做法有時只是加重芭芭拉的受害者心態，像是抓著她考不好和失戀的問題窮追猛打。芭芭拉已經覺得自己不完美、很沒用、什麼事都做不成了，母親還在一旁助長她的自我否定。某方面而言，擺脫母親偏頗扭曲、處處挑剔的眼光讓她如釋重負，但同時也覺得忐忑不安、焦慮不已。她本來在附近一家咖啡館上班，近來因背部受傷，中斷了這份心愛的工作。夜裡，她輾轉難眠，滿腦子想著：「我這一生就完了嗎？我有哪裡做得不好？有什麼可讓人留念？我的人生有什麼成果可言？」

「我很難過，也很焦慮不安。」她說，「我就是沒辦法平靜下來。」

我常在喪母的中年婦女身上看到這種現象。母女親情間還沒做完的功課，活著的人得繼續把它做下去，而死亡讓人覺得這份功課沒有完成的機會了。

「妳把妳媽從過去釋放出來了嗎？」我問。

芭芭拉搖搖頭，眼裡滿是淚水。

流淚很好，代表痛處被說中了。如果我的問題惹得病患想哭，那就像奪得金牌一樣，命中紅心了。但釋放眼淚的一刻既是感受至深的一刻，也是脆弱不堪的一刻。我迎上前去，豎耳傾聽，不著急。

芭芭拉抹抹臉，顫巍巍地吸了長長的一口氣，說：「我想問妳一件事，那是關於我腦袋裡不斷重播的童年回憶。」

我請她閉上眼睛，用現在式描述那件往事，彷彿那是現在發生的事情。

「我現年三歲。」她開始娓娓道來：「我們全家都在廚房裡。我爸坐在一張擺好早餐的餐桌前。我媽站在我和我哥面前，氣呼呼地俯視我們。她叫我們兄妹並排站好，質問道：『你們最愛的人是誰？媽媽還是爸爸？』我爸看著這一幕哭了出來，他說：『不要這樣。不要對孩子這樣。』我想回：『我最愛爸爸了。』甚至想過去坐在他大腿上抱住他，但我不能這麼做。我不能說我愛他，否則我媽會抓狂，那麻煩就大了。所以，我說：『我最愛媽媽了。』現在……」說到這裡，她的聲音哽咽，眼淚滾下臉頰。「現在我但願能收回那句話。」

「妳很棒。妳懂得求生。」我告訴她：「聰明的孩子。爲了生存，妳做了該做的事。」

「那我的心爲什麼這麼痛呢？」她問：「爲什麼我就是放不下這件事呢？」

「因爲那個小女孩不知道她現在安全了。帶我去那間廚房，來到她身邊。」我說：「告訴我妳看到什麼。」她描述了那扇朝向後院的窗戶、櫥櫃門把手上的黃花，還有她的眼睛恰恰就跟烤箱旋鈕的高度一樣。

「跟那個小女生說說話。她現在有什麼感覺？」

「我愛我爸，但我不能說。」

「妳無能爲力。」

眼淚從她的臉頰流到下巴。她擦擦眼淚，然後就用雙手捧住自己的臉。

「當時妳還小，現在妳長大了。」我說：「回到那個珍貴的、獨一無二的小女孩身邊，當她的媽媽吧！牽起她的手告訴她：『我帶妳離開這裡。』」

芭芭拉依舊閉著眼，她的身體晃了晃。

「牽著她的手。」我繼續說：「牽她走到門口，走下門前的臺階，出來到人行道上，沿街走去，彎過轉角。告訴這個小女孩：『妳不再困在那裡了。』」

受害者心態的牢籠往往是在童年蓋起來的，長大成人之後，這座牢籠足以讓我們感覺就像兒時一樣無能爲力。**給內在小孩安全感，讓她以大人的獨立自主，體驗這個世界，我們就能將自己從受害者心態中釋放出來。**

我引導芭芭拉牽著那個受傷小女孩的手，帶她去散步，讓她看公園裡的花，盡情地寵她、愛她，看是要給她一支甜筒，讓她抱著軟綿綿的泰迪熊，只要能帶來安全感，她想要什麼東西都可以。「接下來，帶她到海邊。」我說：「教她踢沙子，告訴她：『有我在，現在我們要一起生氣。』和她一起踢沙子，一起大吼大叫，接著帶她回家。不是回到小時候的那間廚房，而是回到妳現在住的地方。這個地方永遠有妳在，永遠有妳照顧她。」芭芭拉還是閉著眼睛。她的嘴唇和臉頰比較放鬆了，但眉頭依舊深鎖。

「女孩困在廚房裡。她需要妳帶她出來。」我說：「妳去救她。」

她緩緩點頭，但糾結的眉頭並未鬆開，她的廚房任務還沒完成，有別人需要拯救。「妳的母親也需要妳。」我說：「她還杵在廚房裡。幫她把門打開。告訴她，是時候放妳們兩個自由了。」

芭芭拉想像自己先走向父親。他默默坐在那裡，滿臉淚痕對著一桌早餐。她親親他的額頭，把小時候必須藏起的愛意說出來，接著，芭芭拉走向母親，伸出一隻手，按在她的肩頭，望著她苦惱的眼神，朝打開的門點點頭。從她們所站的地方看得見外頭綠油油的草地，芭芭拉重新睜開眼睛時，她的臉部和肩膀顯得放鬆了。

「謝謝妳。」她說。將自己從受害者心態中釋放出來，也意味著把別人從我們賦予他們的角色中釋放出來。

・內疚的牢籠・

幾個月前，我自己也有機會使用這個工具。那時我在歐洲巡迴演講，邀了女兒奧黛莉跟我一同前往。國高中時期，她是青少年奧運培訓游泳選手，每天一早五點就要起床去練習，頭髮都被氯水泡得發綠。陪她到德州和西南部各地參賽的通常是她父親，畢拉和我就是這樣分工合作的，兼顧事業和三個孩子，扮演一對夥伴的角色，但那也代表我們各自錯過了一些東西。現在和奧黛莉一起旅行也追不回往日時光，但這麼做似乎是向母女關係致意的一個好辦法，何況這次需要人陪的是我！

我們先到荷蘭，再到瑞士，也趁機在那裡大吃千層酥。小時候，當我父親在夜裡出門去打撞球，總會偷帶千層酥回家給我，我們在瑞士吃到的千層酥就跟我記憶中一樣香甜濃郁。戰後，我回到歐洲許多次，但和我亭亭玉立的女兒一起，離我的童年與創傷那麼近，共享沉默與對話，聽她談當悲傷輔導與領導力教練的計畫卻是頭一次……這對我有著難以置信的療癒力。一天夜裡，在洛桑的一所商業學校，對一屋子來自全球的高階主管演講完後，有人問了一個令我吃驚的問題：「和奧黛莉一起旅行的感覺怎麼樣？」

我苦思能貼切形容這段時光有多特別的字眼。我提到排行老二的孩子在家中容易受到忽略，奧黛莉有很大一部分是她姊姊瑪麗安妮帶大的，她們的小弟約翰發展遲緩，診斷不出原因，很令人擔心，我忙著帶他在艾爾帕索尋遍名醫，甚至遠赴巴爾的摩。後來約翰從德克薩斯大學畢業，而且是班上前十名的學生，現在是備受敬重的身心障礙人士意見領袖和倡議家。我永遠都很感激他能獲得早療資源和重要的支持，但我始終感到內疚，約翰的特殊需求占據我的注意力，打斷了奧黛莉的童年，瑪麗安妮和奧黛莉之間有六歲的差距，我的創傷在無形中成爲孩子的負擔——這一切我都很內疚。對我來講，當場公開說出來具有抒發的作用，認錯、道歉的感覺很好。但第二天早上在機場，奧黛莉跟我把話說開。

「媽，我們得改寫我的角色了。」她說：「在我眼裡，我不是受害者。我要妳別再把我看成是一個受害者了。」

我的胸口一緊，難受得很，急著想爲自己辯解。我認爲自己是將她刻畫成一位求生者，而不是受害者，但她說的完全正確。爲了減輕自己的內疚，我把她擺在一個受到忽視的小孩的位置上，同時我也爲每個人都安排了角色：我是加害者，奧黛莉是受害者，瑪麗安妮是拯救者。（或者，在同一個故事的另一個版本中，我安排約翰演出受害者的角色，我自己是拯救者，那些年來我很氣的畢拉則是加害者。）**在人際關係和家庭中，受害者的角色往往傳來傳去，換不同的人演，但沒有加害者就沒有受害者，當我們留在受害者的位置上，或把別人放在受害者的位置上，我們就加強並延續了那份傷害。**把焦點放在奧黛莉成長過程中「沒有」的東西上，我一方面貶低了她身爲求生者的力量（亦即她將任何經驗都視爲成長契機的能力），一方面也把自己困在內疚的牢籠中。

·選擇怎麼過日子的態度·

一九七〇年代中期，在威廉·博蒙特軍方醫療中心擔任臨床實習生時，我第一次見識到從受害者轉念爲求生者的力量。一天，我分配到兩位病患，兩位都是越戰退伍士兵，兩位都是腰椎以下癱瘓，不可能再走路了，他們得到的診斷和預後都一樣。一位士兵像嬰兒般，在床上縮成一團，怨天怨地怨國家，連著幾小時不起床，另一位則寧可下床去，在他的輪椅上坐得直挺挺的。「我現在看一切的眼光都不一樣了。」他告訴我：「昨天我的孩子來看我，說我坐在輪椅上離他們的眼睛近多了。」他並不樂意見到自己變成殘障、性功能受損、不知道能不能跟女兒賽跑，或在兒子的婚禮上跳舞，但他能看到受傷帶來的新視野，他可以選擇把殘疾視爲一種剝奪和限制，或是成長的契機。

四十多年後，二〇一八年春，我看到我的女兒瑪麗安妮做出類似的決定。她和夫婿羅柏在義大利旅行時，不小心在一階石梯上絆倒，頭部著地摔了下來，腦部受到重創。整整兩星期的時間，我們不知道她能不能活下來，或她就算活下來了會變怎樣。她還能說話嗎？她會記得她的孩子、三個美麗的孫子、羅柏，甚至是她的弟弟妹妹和我嗎？在那段難熬的日子裡，她的性命垂危，我一次次地伸手去摸畢拉在她出生時送我的手鍊。那是一條手鍊，用三種黃金打造而成。我們在一九四九年逃出捷克斯洛伐克時，它藏在瑪麗安妮的尿布裡偷渡出來。從之後，我天天戴著它，因爲它是從毀滅生出愛與生命的護身符，提醒我天底下有排除萬難下來這種事。

對我來講最難過的感受，莫過於恐懼混著無力。我爲瑪麗安妮所受的苦心碎，深怕我們會失去她，但卻什麼也不能做，沒有具體的辦法能治好她，或阻止最壞的情況發生。每當恐懼湧起，我就會默念她的匈牙利小名：「瑪奇卡、瑪奇卡。」像是在喃喃祝禱一般。就跟我在奧斯威辛集中營為約瑟夫．門格勒獻舞時一樣，我遁入自己的內心，在心裡打造一座聖殿、一個在威脅與無常中保我靈魂安全的所在。

瑪麗安妮奇蹟似地活下來了。她不記得摔傷後的前幾週，或許那段時日她也遁入自己的內心了。經由一流的醫療照顧，在她先生和家人持續的支持與陪伴下，再加上她自己的內在力量，一點一點重拾活動功能與認知功能，也想起了孩子們的名字。一開始她吞嚥困難、味覺扭曲，我瘋狂煮東西給她吃，決心把她以前愛吃的食物全都煮過一遍。一天，她請我做酸菜薯餅，那道佐德國酸菜和軟質羊酪（捷克的一種農夫乳酪）的馬鈴薯菜餚，懷著她時最想吃的一道菜！看她試了一口就露出笑容，我深信她一定會好起來。

只經過一年半，她就驚人地康復了，生活和工作都跟受傷之前一樣，展現出力量、才華、創意和熱情。雖然她的康復有許多不受控制、難以解釋、純屬運氣的部分，但我也知道她做了一些有助於康復的決定。當妳處於不堪一擊的境地、僅存有限的精力，選擇怎麼過日子的態度就顯得格外重要。瑪麗安妮選擇採取求生者的思維，著眼於自己要做什麼才能保持進步，聽身體告訴她何時該休息，對自己的健康和所有幫助她康復的人心懷感激、表達謝意。早上醒來時，她問自己：要做什麼？什麼時候要做復健操？我要著手執行什麼計畫？要做些什麼把自己照顧好？」

態度不是一切，只憑心態不能消災解厄或不藥而癒，但如何運用時間和精力確實能對健康產生影響。若是對自己的遭遇抗拒到底、抱怨個沒完，也就遠離了成長和療癒的機會。反過來想，我們可以承認自己碰到了可怕的事情，並找到與它共存的最佳方式。在復原過程中遇到挫折或併發症時尤其如此。一般而言，腦傷就代表病患有很多事情都沒辦法像以前一樣熟練。瑪麗安妮還在努力重建因爲那次摔傷而損壞的神經網路，她站太久或走太久都容易累，講話也很吃力。除了剛開始復原的前幾週以外，她的記憶完好無缺，但有時她想不起人事物的名稱，像是她去過的某個國家叫什麼，或她去農夫市集想買的菜名。以前不費吹灰之力的事情，她得重學新的做法，爲演講做準備時，她不能像受傷之前那樣，只寫下三個重點，相信她的腦子會把各個重點之間的關聯和空白補滿。現在，她必須寫好整篇講稿，每一個字、每一個轉折都不能漏掉。

但說來有趣，也有一些事情她現在做來更有彈性和創意。她本來就有一手好廚藝，還曾爲南加州聖地牙哥的一份報紙寫料理專欄，摔傷之後，她得重新教自己做菜。過程中，她不只開發新的食譜，還用新的方式去做舊有的菜色。她和羅柏現居紐約曼哈頓，但他們夏天都盡量待在我住的加州拉霍亞。今年夏天，她想煮櫻桃冷湯給我喝。在紐約的時候，她曾爲一次晚餐派對煮過這道冷湯。她買了酸櫻桃回來，重讀了兩本匈牙利文的舊食譜書，最後卻放棄上面寫的做法，決定照自己的方式做——直接就做冷湯，而不是先加熱再放涼，並另外加入三種不同的水果。若不是受傷後必須不斷重新調整適應，她可能就會照著以前的方式做這道湯。相反地，擁抱腦傷迫使她做出改造，隨之發明出新的東西，而且美味極了！

曾經視爲理所當然的事情，現在必須這麼努力才能做到，我看得出她眼裡的疲憊與挫折，但也適應了各種可能性。她告訴我：「說來有趣，但我感覺自己在心智層面上活得不一樣了。」她的臉亮了起來，就像小時候剛學會認字時那樣。「坦白說還滿好玩、滿刺激的。」在受過類似創傷的人當中，這種現象並不罕見。神經科醫生告訴瑪麗安妮，他有很多病患本來不是什麼才華洋溢的藝術家，腦部受到重創後卻突然變得很會畫畫。受到損壞、變形重組的神經路徑讓許多倖存者擁有了前所未知的才華。這是多美好的一件事啊！這件事提醒我們，**打亂人生、擋住去路的遭遇也可能是浴火重生的催化劑，抑或是爲我們指出新方向、賦予新視野的好工具。每一次危機都藏著轉機**。人生不如意事十之八九，而且這些不如意足以讓你痛不欲生。但種種的折磨也是重整人生的機會。選擇以走出逆境做爲回應，並深深領悟到自己有選擇的自由，就掙脫了受害者心態的牢籠。

§解開受害者心態之鑰

一、**當時是當時，現在是現在：**回想兒時或青春期某個因別人的舉動而受傷的時刻，或大或小的傷害都可以。試著回想特定的某一刻，而不是你對那段人際關係或人生階段整體的印象。想像你重新把那一刻活一次。注意感官知覺的細節——畫面、聲音、氣息、口味、體感。接著想像現在的你。看著現在的你回到過去的那一刻，伸手牽起過去的自己，帶自己走出那個受傷的境地，離開過去。告訴自己：「有我在。我會照顧你。」

二、**每一次危機都藏著轉機：**寫一封信，給一個近期或過往令你痛苦的人事物。確切描述那個人做了什麼，或發生了什麼你討厭的事。把所有細節全部攤開。說說那些舉動、言語或事件對你的影響。然後再寫一封信給同樣的人事物，但這次要寫的是感謝函，說說這個人讓你對自己有什麼認識，或這個處境如何刺激你成長，向這一切致上謝意。感謝函的目的，不是要假裝喜歡你很厭惡的東西，或逼自己為一件痛苦的事情高興。我們承認那件事很傷人、那樣做是不對的，同時我們也注意到轉念的療癒力——你從一個無能為力的受害者，變成一個求生者、一個有力量的人，而這才是真正的你。

三、**馳騁在自由的國度：**製作一塊願景板，用視覺素材呈現出你在人生中想要開創或擁抱的東西。從雜誌、舊日曆等素材上剪圖片和文字下來。沒有一定的規則，端看什麼東西吸引你。將剪下來的圖片和文字貼到壁報板或一大張厚紙板上。注意從中浮現的線索。（這是很棒的活動，你可以邀好友一起，搭配一堆美食邊吃邊玩！）將願景板放在身旁，每天看一看。讓這件憑著直覺創作出來的勞作為你指引方向。

第二章

集中營沒有百憂解——逃避心態的牢籠

瑪麗安妮五歲時，我們住在巴爾的摩一戶小公寓裡。某一次放學後她哭著回家，因為同學的慶生會沒有邀請她，她很傷心，哭得臉上滿是淚痕，臉也激動得漲紅。那時的我不知如何面對情緒，不知如何讓她擁有自己的感受。那段日子裡，我完全否認自己的過去，從來不提奧斯威辛集中營，就連我的孩子都不知道我是倖存者。直到瑪麗安妮上了國中，發現一本有關猶太人大屠殺的書籍。她給她父親看書中的照片，上頭有奧斯威辛集中營裡挨餓受凍、骨瘦如柴的人，她想知道是什麼樣的慘劇害這些人在鐵絲網後奄奄一息。畢拉告訴瑪麗安妮：「媽媽曾是那裡的囚犯。」我聽得心都碎了。我躲進浴室裡，不知如何迎視女兒的眼睛。

瑪麗安妮從幼稚園哭著回家時，我看了既心疼又不安，於是我牽著她的手到廚房，為她做了一杯巧克力奶昔，切了一大塊匈牙利七層巧克力蛋糕。那就是我的藥方——吃點甜甜的東西，用食物治好不舒坦的地方，食物是我對一切的解答。（尤其是巧克力，更尤其是加了無鹽奶油的匈牙利巧克力。想做任何匈牙利美食，不要在奶油裡加鹽巴就對了！）

那時我不知道，當我們移除孩子的痛苦時，也讓他們失去了面對情緒的能力。我們教他們有情緒是錯的，或這些情緒是很嚇人的。但情緒就只是情緒而已，沒什麼對錯，你有你的情緒，我有我的感受，如此而已。**聰明的我們不該試圖說之以理，**

勸人不要有情緒或高興一點，最好的應對方式是給別人的情緒一個空間，陪在他們身邊並說：「多告訴我一點。」不要像以前的我一樣——以前，孩子們因爲被嘲笑或被排擠而情緒低落時，我會跟他們說：「我懂你的感受。」這是一句謊話。你永遠沒辦法懂他人的感受，因爲事情不是發生在你身上。要同理、要支持都可以，但不要代替別人感受，彷彿他的內心世界是你的一樣，那只是另一種剝奪他人感受的做法，而且只會把人困住。

・憂鬱的相反是表達・

我總愛跟我的病患說：憂鬱的相反是表達。說出來才不會生病，悶在心裡才會。

我最近剛和一位很有愛心的男士聊到這件事。他在加拿大的寄養系統爲孩子們做諮商輔導，協助年輕人爲失去家人、安全和保障表達悲痛的情緒，因爲許多人在一開始是沒有機會傷心難過的。我問他從事這份工作的動機是什麼，他說他曾和癌逝的父親有過一段對話，他問父親：「你覺得你爲什麼會得癌症？」父親回答：「因爲我沒學過怎麼哭。」

當然，一個人健康與否、生病與否，潛在的因素有很多。而且，我們若是爲生病或受傷自責，那也會對自己造成莫大的傷害。但我很確定，不讓情緒表達或抒發出來、一直悶在心裡，無論受到壓抑的是什麼情緒，都會影響人體的化學作用，並透過細胞和神經迴路表現出來。在匈牙利，我們有句話說：「不要把怒氣吸進胸膛。」抓著情緒不放、把情緒鎖在心裡是有害身心健康的。

設法隔絕他人或自己的感受，長久下來是行不通的。但很多人從小就被訓練要否認自己內心的反應，換言之，就是要我們放棄眞誠的自我。孩子說：「我恨透上學了！」父母就回：「『恨』是一個很強烈的字眼。」或「別說『恨』這個字。」「沒那麼嚴重吧？」孩子跌了一跤，膝蓋破皮，大人就會說：「沒事沒事！」爲了幫助面臨傷害或困難的孩子振作起來或重整旗鼓，好心的大人可能會將孩子的感受輕描淡寫地帶過去，或在不經意間教孩子可以對某些事情有感覺、某些事情則應無動於衷。有時候，大人對於轉換心情或否認情緒的暗示會更直接：「冷靜下來！別鬧！不要那麼愛哭。」

身教更甚於言教。如果大人打造了一個不准表達憤怒的居家環境，或以有害的方式宣洩怒氣，孩子就會學到強烈的情緒是不可以或不安全的。

對於發生在自己身上的事情，許多人習慣不去感受它，只是反射性地做出反應。人往往學會藏起自己的情緒或者壓抑下來、用藥物控制、逃避……

我有一位病患本身是位對處方藥物上癮的內科醫生。一天早上，他打電話給我：「伊格醫生，我昨天晚上突然想到，當初在奧斯威辛集中營的時候，我可沒有百憂解能吃。」我愣了一會兒才意會過來。他現在會用藥物緩和情緒，這和爲了保命，接受必要的藥物治療有很大的差異。但他說的很有道理，離開集中營之後，他開始向外尋求逃避內心感受的辦法，而對自己並不需要的藥物上了癮。

在奧斯威辛，沒有任何來自外在的東西。我們無法麻痺自己、無法緩和尖銳的情緒、無法暫時離開一陣子、無法忘記現實中的酷刑、飢餓和近在眼前的死亡。我們必須學會觀察自己和周遭，必須學會就這樣過下去。但記憶中我不曾在營地裡掉過淚，我滿腦子想著生存，有感知已經是後來的事了，當感覺來的時候，我逃了又逃，逃避了許多年。

·當時是當時，現在是現在·

你無法治好自己沒有感覺的東西。

戰後三十多年，我持續擔任美軍的心理創傷治療師，並受邀擔任戰俘顧問委員。每次到華盛頓特區開委員大會時，總有人問我有沒有去過大屠殺紀念館。

我曾回去奧斯威辛集中營過，腳下踩著當初和雙親分開的土地，頭上頂著他們的屍體化成煙飄去的天空。爲什麼我要去一座紀念奧斯威辛和其他集中營的博物館？我心想：「我可是待過那裡、親身經歷過。」我在戰俘委員會裡擔任了六年的委員，那段期間都不願踏足紀念館。某一天早上，我坐在會議室的紅木桌前，看著自己的名字刻在一塊小牌子上，我突然領悟到：當時是當時，現在是現在。現在我是伊格醫生。我挺過來了。然而，只要我迴避那座紀念館，認定自己已經克服過去、沒必要再去面對一次，一部分的我就還是困在那裡，一部分的我並不自由。

所以，我鼓足了勇氣，參觀了那間紀念館。一切就像我所害怕的那樣令人痛苦。看到一九四四年五月抵達奧斯威辛時的月臺，我一時五味雜陳，幾乎無法呼吸。接著，我來到牛車前。所謂牛車是用來運送牲畜的火車車廂，紀念館裡的這一臺是德國製舊牛車的複製品，訪客可以爬上去，感受一下車廂裡有多黑、空間有多小、感受一下人擠人和坐在別人身上的滋味、想像一下和幾百人共飲一桶水、共用一個馬桶、想像一下日夜不停地搭車，唯一的食物就是八到十名囚犯分食一條不新鮮的吐司。我站在牛車外，完全動彈不得，整個人僵在那裡。人潮在我身後聚集，尊重地靜候我踏進去。長達幾分鐘的時間，我就是邁不開步伐。最後，我擠出全身上下每一分力氣，哄自己抬起一隻腳，再抬起另一隻腳，跨進牛車的窄門。

入內之後，一陣恐懼襲來，我覺得自己快吐了。我縮成一團，重溫雙親健在的最後一段日子。車輪在鐵軌上不停轉動，十六歲的我不知道我們要去奧斯威辛，不知道父母就快死了。我必須熬過搭車的不適和對未來的不確定，但說不上來為什麼，當時在車廂裡還比現在重溫那段回憶好過，這次，我必須感受那一切，我哭了出來。我不知道在黑暗中伴著自己的痛苦坐了多久，也沒注意其他來來去去的訪客。他們和我在黑暗中共處一下，然後就繼續前進。我可能坐了有一、兩個小時吧。

最後出來時，我感覺煥然一新，心情輕盈了些，肺腑都清空了，但我的悲痛和恐懼並沒有消失。每一張照片裡的卐字符號、每一個親衛隊軍官冷酷的眼神，無不令我膽寒。可是我讓自己重訪過去，面對多年來始終逃避的感受。

·逃避感受，就是在否認現實·

人之所以逃避自身感受有很多理由：「這些感受令人不舒服」「不該有那些感受」「害怕會傷害別人」，我們怕這些感受背後的含義——關於過去所做和未來將做的決定，這些感受可能揭露了某些訊息。

但感覺就只是感覺，它不是你的自我認同。

逃避感受，就是在否認現實。而你如果試圖把某件事拒於門外，說：「我不願去想那件事。」我保證你一定會去想。所以，不妨敞開心扉，邀請那份感受入內，和它一起坐下來，陪它坐一坐，接著再決定你要懷著這份感受多久，因爲你不是脆弱易碎的小東西，面對現實很好，不再抗拒、不再躲藏，提醒自己：感覺就只是感覺而已，它不是你的自我認同。

・存活只是你要打的第一場戰役・

十六年前，一個九月的早上，卡洛琳正要開始洗衣服，準備獨自在她位於加拿大鄉間的家裡靜靜度過一天。就在這時，有人敲了門。她透過窗戶看到來者是她先生的堂弟麥克。麥克跟她同齡，四十出頭，大半輩子惹出不少麻煩——除了偷東西以外，也有藥物濫用的問題。現在，他終於要展開第二人生了。雖然他才剛搬去和女友同居，但卡洛琳和她老公是收留麥克、協助他扭轉人生的家人。他們爲他安排了一份工作，提供一個安穩的環境，儼然成爲他們生活中的固定班底，也是孩子們信任的另一個大人，常和卡洛琳、她老公及三名繼子共進晚餐。

她很關心麥克，也很樂意幫助他。但有那麼一瞬間，卡洛琳考慮假裝不在家。

她先生出城去了，三個男孩暑假結束，終於回學校上學了，這是她三個月以來，第一次有獨處的時間。再者，她也不想讓麥克打斷她預計要忙完的事情。但他是麥克，是跟她很親的親人。他敬愛她，也依賴她的家人甚多。於是她開了門，邀他進來喝杯咖啡。

「孩子們已經回學校了。」她一邊閒聊，一邊把馬克杯和奶精放在桌上。

「我知道啊。」

「湯姆也不在。他出城幾天。」

麥克就在這時掏出手槍，抵住她的頭，叫她趴在地上。她跪在冰箱旁邊。

「你幹嘛？」她說：「麥克，你這是做什麼？」

她聽到他鬆開皮帶，解開牛仔褲的釦子。

她口乾舌燥，心臟狂跳。大學時，她上過自我防衛的課，此時趕緊學以致用，說出當你受到攻擊時該說的話。喊他的名字、談談家人。她說了又說，語氣堅定而平穩。她談到麥克的雙親、三個男孩、家人團聚的假期、最愛的釣魚勝地……

最後，他以滿不在乎、輕鬆隨意的口吻說：「好，那我就不強暴妳了。」彷彿在說「那我就不喝咖啡了」似的。

但他還是拿槍抵著她的頭。她看不見他的臉。他嗑藥了嗎？他想幹嘛？一切像是他早已計畫好似的，算準這時她一個人在家。他要搶劫嗎？

「你想拿什麼就拿。」她說：「你知道東西都放在哪裡。拿吧，全都拿走吧。」

「沒錯。」他說：「我正打算這麼做。」

她感覺他在動，像是準備要走開。但他沒走，只是重新站直，手中的槍狠狠抵著她的腦殼。

「我不知道自己爲什麼要這麼做。」他說。

屋裡充斥一聲轟響。她的頭陣陣抽痛，痛得像火在燒。接下來，她知道自己正漸漸恢復意識，但她不知道自己在廚房地板上暈過去多久。她什麼也看不見。她試著起身，但地上太多血，導致她一直打滑，只能摔回地板。她聽到地下室的樓梯傳來腳步聲。

「麥克？」她喊道：「救我！」

向剛剛開槍射她的人求救毫無道理可言，但那是她的反射動作。他是家人啊！何況也沒別人可以求救了。

「麥克？」她再喊了一次。

又是一聲槍響。第二顆子彈擦過她的後腦勺。

這次，她沒暈過去，選擇倒在地上裝死，盡量憋住呼吸。她聽得見麥克在屋裡走來走去，她一動也不動，等了又等。接著，後門關上了。她還是倒在地上。搞不好他只是在測試她、整她，等她爬起來就再補一槍。比起疼痛和恐懼，她更強烈的感受是憤怒。他怎麼敢這樣對她？他怎麼敢棄她於不顧、放任她去死，讓三個男孩放學回家看到這種慘狀？如果任由自己就這樣死掉，沒告訴任何人這是誰幹的好事，沒在麥克再去傷害別人之前將他繩之以法，那她就真的該死。

最後，等到屋裡完全靜了下來。她睜開雙眼，但什麼也看不見。子彈想必傷了她的腦子或視神經。她搖搖晃晃地爬過廚房，靠著流理臺把自己撐起來，摸索著電話。她找到話筒了，但當她試著拿起話筒時，話筒卻不斷從她手中溜走。終於抓住話筒之後，她又想起自己沒辦法撥號。她在按鍵上亂按一通，話筒從她手中滑落，她重新拿起話筒，再試一次。但電話就是撥不通。

她放棄電話，在地上慢慢爬著，看不見自己爬到哪裡，也想不出該如何是好。一片迷濛中，她不時看到穿透眼簾的光。最後，她跟著光線來到前門，爬了出去。他們住在占地五英畝的空地上，就連住最近的鄰居也聽不見她的喊叫，所以她必須爬出去求救。她爬下車道，爬到他們這個住宅區的馬路上，喊了又喊，叫了又叫，像恐怖電影情節一般，她的耳邊傳來一名女性的淒厲哀嚎，卡洛琳知道終於有人看到她了。很快地，有人跑過來，有人吼著說要叫救護車。她認得出幾位鄰居的聲音，但他們似乎不知道她是誰。她意識到自己的臉扭曲、粉碎到鄰居認不出來的地步。她匆忙吐出細節：麥克的名字、車子的顏色、出現在家裡的時間……每一個她想得起來的細節都不放過。她說不定沒有別的機會了。

「打電話給我公婆。」她喘氣道：「請他們確保孩子們在學校很安全。告訴湯姆和孩子我愛他們。」卡洛琳知道後來父母、公婆和繼子到醫院來跟她道別，公公找來一位天主教牧師，母親則帶來她的聖公會牧師。天主教牧師爲她舉行了最後的儀式。

幾星期後，她在公婆家靜養，牧師過來探視，並跟她說：「我從沒見過回來的人。」

「從哪回來？」她問。

「從鬼門關前回來。」他說：「親愛的，妳在手術檯上整個人都是冰的。」卡洛琳活了下來眞是奇蹟。但如果你挺過重創活下來，就會知道存活只是你要打的第一場戰役。

・承認內心的感受・

暴力留下長久又駭人的陰影。卡洛琳在麥克獲得假釋前幾個月來找我，此時距離槍擊案已過了將近十六年，但心理上的創傷還很新。

「我們在電視上看到一個受創的人回家的故事。」她說：「電視上的人說：『我們現在要帶他回家，讓他安全地把日子過下去。』我看著先生說：『他們懂什麼？事情還沒完呢。』只因你活下來了，只因你要出院回家了，人生並不會神奇地變好。任何一個受到創傷的人都有很長的路要走。」

就卡洛琳和我而言，創傷的後續效應有些是肢體上的。腦部消腫之後，卡洛琳的視力慢慢恢復了，但她還是有上、下和外圍的視覺盲點。她的耳朵聽不清楚，兩隻手的手掌和手臂都有神經缺損，她一緊張起來，身體似乎就會不聽大腦使喚。她的四肢知覺和活動都有困難。

槍擊案也讓她的家庭和社區付出代價。這起案件逼大家正視親人、鄰人、友人的惡行，也使得大家的信任感產生可怕的裂痕。案發當時，卡洛琳最小的繼子年僅八歲。有很長一段時間，他都不讓卡洛琳獨處。她試過哄他去找兩個哥哥或其他家人，但他會說：「不要。我要在這裡陪妳。我知道妳不喜歡自己一個人。」等到她又能走路、開車，恢復一些獨立自主的能力之後，年紀最大的繼子變成保護她的家長，去到哪，跟到哪，在她身邊轉來轉去，確保她不會摔傷、撞傷之類的。也有很長一段時間，排行老二的繼子不敢抱她或碰她，就怕不小心會傷到她。卡洛琳告訴我，面對她的創傷，有些親朋好友的反應是過度保護她，有些則是輕描淡寫、避而不談。

「大家知道這件事之後往往很不自在。」她說：「他們不想談，覺得不談就沒事。事情已經過去了，一切已成定局，反正往前走就對了。或者，他們會說那是發生在我身上的『意外』。但我可不是『意外』被人拿槍脅迫的好嗎！可是，大家都不想用『犯罪』或『槍擊』之類的字眼。」甚至包括她的公公，也就是麥克的伯父。槍擊案發生之後，他陪在她身邊，在她什麼也不能做的三、四個月期間，收留了卡洛琳一家。就連他都會跟他人說：「她百分之百恢復正常了。」

「開什麼玩笑？」卡洛琳苦笑道：「但他這樣會比較好過。」

就許多方面而言，生活是恢復安定了。三個男孩長大、娶妻、生子。卡洛琳和老公住在美國，不只與麥克相距數千英里，而且隔著一條國界。他查出他們的下落、報復她的機率微乎其微，幾乎不可能。但心頭的恐懼並未因此煙消雲散。

「他是我們的親人。」卡洛琳說：「他曾住在我們家，我們信任他。而他對我說的最後一句話是：『我不知道自己爲什麼要這麼做。』他是我的親人，如果連他都不知道爲什麼要殺了我，那豈不是隨便一個外人都可以毫無理由地傷害我？」卡洛琳告訴我，她時時刻刻提心吊膽，總是害怕有人會來完成麥克沒做完的事，了結她的性命。以前她愛在外頭拈花弄草，現在她放棄這項嗜好了，因為說不定會有人走到背後，而她卻渾然不覺。就連在室內，卡洛琳也一貫保持警戒，在屋裡四處走動時，一定會隨身攜帶求救鈴，萬一有人闖入，才能立刻按下去。如果她一時不知道把求救鈴放哪去了，直到找到之前，她都無法正常呼吸。

「有一段時間，我想回去住他對我開槍的那個家。」她說：「我不要讓他把我的家奪走。我要把它奪回來。」但住在那個讓她差點沒命的地方實在太可怕了。他們搬得遠遠的，到美國南方一個安全、友善的社區，靠近一座美麗的湖泊，他們週末會去那裡划船。即使如此，她還是活在恐懼之中。

「十六年了，這樣活著不叫活著。」她說。她覺得自己受到往事的囚禁，迫切地想掙脫過去。

談話過程中，我從卡洛琳身上聽到那麼多的愛、力量與決心。也看出四種將她困在過去與恐懼之中的行為。首先，她花很大的力氣試圖改變自己的感受，明明眞實的感受是這樣，卻要說服自己扭轉那份感受。

「我很幸運。」她說：「我知道自己很幸運！我還活著。有這些愛我的人。」

「對！」我說：「是這樣沒錯。但難過的時候不要叫自己高興起來，這麼做是沒有幫助的。妳只會產生罪惡感，覺得自己的心情應該要更好才對。換個做法吧，**承認內心的感受，悲痛就是悲痛，恐懼就是恐懼，傷心就是傷心，承認就對了。然後放下妳對獲得他人認同的需求，因爲妳的人生不是他們在過，他們感覺不到妳的感受。」**

她的悲傷和恐懼再合理不過，但除了設法勸解自己，卡洛琳還活在設法保護別人的心牢裡，不想讓別人受到她的情緒感染。愛我們的人自然希望我們好，不會想看到我們受傷，所以，我們就會忍不住表現出其他人想要看到的一面。可是一旦否認或淡化自己的感受，那份感受就會有反作用力。

・妳沒時間活在恐懼裡了・

卡洛琳告訴我，槍擊案發生以來，他們夫妻倆一直都有養狗，但他們的愛犬最近過世了，她先生不明白一隻狗對她的安全感有多大的幫助，他說他需要一點時間，才能再迎接一隻新的狗到他們家。

「我眞的很生氣。」她說：「但我不能告訴他。我理應跟他說：『我很怕自己一個人沒有狗陪。』但我不會說出口。可是我知道如果說出來，他會理解的。但不知道爲什麼，我就是不想讓他知道我還是怕到這種地步。」我告訴她，那是因爲她想保護他，不想讓他擔心、內疚。但這麼做也是對他的一種剝奪，等於是將他拒於心門之外，剝奪讓先生保護她的機會。

卡洛琳說，她對兒子們也是一樣的。「我想他們應該不知道我的恐懼有多深。我努力不要讓他們知道。」

「但妳這是在自欺欺人啊。在家人面前，妳不是完整的妳。妳剝奪了自己的自由，也剝奪了他們的自由。妳用來對付那些棘手情緒的策略已經變成另一個問題了。」爲了保護別人不受她的情緒影響，卡洛琳迴避自己的情緒、不爲自己的情緒負起責任。而她持續受到恐懼的摧殘，無異給了麥克和過去太多力量。

「我先生和我那時才結婚三年。」她說：「我們組成一個新的家庭，三個男孩歡迎我這個媽媽，一家人一起展開美麗新人生，而麥克奪走了一切。」她咬緊牙關，雙手握拳。

「他奪走了一切？」

「他鎖定我，帶著槍來到我家，朝我的腦袋射了兩發子彈，丟下我在那裡等死。」

「對，他帶了一把槍過去。妳做了求生該做的事。但沒人能奪走妳的內心世界或內在反應。妳爲什麼要給他更多的力量呢？」

受到冷酷又殘暴的傷害的她絕對有權利對這件事憤怒、傷心、恐懼、哀痛。麥克幾乎奪走了她的性命。但那是十六年前的事了。即使在他假釋期間，也只是一個遙遠的威脅——遠在天邊，不准旅行到外地，沒辦法找到她。但她卻給了他力量，讓他繼續活在心裡。她必須清除麥克的身影、必須表達和釋放憤怒的情緒，這股怒氣才不會繼續汙染她的內心。

我請她想像將麥克按在一張椅子上，用繩子綁起來毒打一頓，吼著問他：「你怎麼可以這樣對我？」藉以燃起熊熊的怒火，把她的脾氣吼出來。

但她說她不敢。

「恐懼是後天習得的反應。妳剛出生的時候沒有恐懼的概念。不要讓恐懼占據妳的人生。愛和恐懼不能並存。夠了。妳沒時間活在恐懼裡了。」

「如果我生他的氣，動手打他一頓，那椅子上恐怕只會剩下一灘肉泥。」

「他有病，人格有病、心理有病。然而，要讓一個病人阻礙妳的人生多久，操之在妳。」

「我不想再傷心、害怕下去了。」她說：「我很寂寞。躲在自己的殼裡，不交新朋友、不嘗試新事物。我把自己封閉起來，看起來神經緊繃、憂心忡忡。我總是很緊張地癟著嘴。我先生應該很想找回他當初娶的那個快樂女人吧？我也想找回他當初娶的那個女人。」

有時候，**我們逃避的不是惡劣或痛苦的感受，而是良好的感受，我們把自己隔絕在熱情、愉悅、幸福之外。人在受到傷害時，心理上有一部分會去認同加害者，因此有時會對自己採取懲罰的姿態，加害於自己，**不准自己感覺良好，剝奪與生俱來的快樂權。這就是爲什麼我常說：「昨日的受害者很容易就會變成今日的加害者。」

所謂熟能生巧，如果妳練習緊張，妳就會更緊張；如果妳練習恐懼，妳就會更恐懼。否認會導致妳否認更多眞相。在勤練之下，卡洛琳養成了疑神疑鬼的習慣：開車不要開太快、在船上不要走太快、不要去那裡、不要做那件事。

我告訴她：「別再這不要那不要了，我想給妳很多的『要』。我要有選擇、我要有我的人生、我要有我的角色、我要活在現在、我要把注意力放在眼前，而眼前要做的事絕對和我選擇的目標一致，那就是取悅自己、討自己歡心。」

我對卡洛琳說：「我要妳練習投入和觀察自己的感官知覺——視覺、觸覺、嗅覺、味覺。是時候微笑了。是時候大笑、放鬆心情了。」

「我活著。」卡洛琳說：「眞高興我活著。」

「這就對了！接下來，請妳務必天天練習那份快樂。在妳愛自己和對自己說話的方式中，不停練習那份快樂。」

我為她再多派了一份練習自由的作業——寫下事發經過，然後帶著一把鏟子到後院挖一個洞。「妳熱得都流汗了。」我說：「但繼續挖下去，一直挖到三呎深，再把那張紙埋進去，最後把土填回去。回到屋裡，準備重獲新生，有個新的開始，因為妳已經讓那件事安息了。」

我們談話過後一個月，卡洛琳寫信告訴我，她回了加拿大一趟，去看剛出生的孫子。她和先生一起開車經過她遭到槍擊的舊家。他們住在那裡的時候，橡樹和楓樹都還只是纖細的小樹，現在已經長成大樹了。新屋主在屋前加蓋了露臺。她在信中寫道：「說不上來為什麼，我的心已不像以前那麼痛了。」對於他們捨下的一切，她心裡的感傷已經變淡了。

面對過去、放下過去就是這個感覺。

‧讓感覺浮現，然後再把感覺放下‧

當我們習慣否認自己的感受，要辨認感受就會變得困難，遑論面對它、表達它和放下它了。而我們之所以如此，其中一個原因在於將「想法」和「感受」混爲一談。我很訝異常常聽到有人說：「我感覺今天下午應該進城辦幾件事。」或「我感覺眼影眞的會打亮妳的眼睛。」這些才不是感覺呢！這些是想法、概念、計畫，而感覺是能量。**面對感覺，我們要從中穿過去才走得出來，必須與感覺共處。你要有很大的勇氣什麼也不做，純粹去感受。**

那天，我接到一位先生打來的電話：他的父親得了不治之症。想拜託我去看看他們一家人。我這一生看過許多悲劇，但這家人受的苦著實令我震撼。父親只能坐在輪椅上，身體不能動，沒辦法說話或進食，而他的太太和兒子是那麼地害怕。他們手忙腳亂地調整他的手腳或毯子，做盡一切只爲減輕他的不適，但卻無力阻止病情惡化。

我不知道做什麼才是對他或這家人有幫助的。我靜下來，請他太太握住他的手，親他一下，就只是這樣陪著他。而我握住這位父親的另一隻手，我們四目相對，我看見他眼裡滿滿的無力與無助。藉由純粹陪在他身邊，讓他把所有的感受流露出來，不加批判。盡最大的努力並自在地面對令人不自在的感受，我們有很長一段時間就只是坐在一起。

四天後，那位先生打電話來說父親過世了。我表明自己並沒有給他們什麼幫助，但這位兒子堅稱我給了莫大的支持。對他們有用的部分，或許是練習陪伴的機會吧？彼此坐在一起，與疾病共處，與生命有限的事實共處，不向改變或扭轉這一切的需求屈服。

受到這家人的啓發，我成功做了一件以前做不到的事。我討厭受到束縛或被關在密閉的空間中，因爲我會瞬間陷入恐慌。像磁振造影檢查之類的程序，我向來都會要求服用鎮靜劑。但上星期，我去做例行的背部磁振造影檢查時，決定不靠任何藥物來放鬆。

磁振造影機裡的空間又黑又小，而且機器的聲音超級吵。我一被推進去，噪音就開始變大聲。穿著薄薄的病人服，躺在那根管子裡，變形的脊椎抵住冰涼的塑膠墊，感覺自己被恐懼撕裂。轟隆隆的聲響聽起來就像轟炸機飛來，並投下炸彈時的聲音，這整棟建築彷彿都會崩塌成一堆碎石。我很想亂踢亂叫，覺得他們必須立刻把我拉出去才行。但我對自己說：「噪音越吵，我就越放鬆。」結果我真的做到了。我在那臺機器裡待了足足四十分鐘，沒吃鎮靜劑。和不安共處的能力不是一夜之間就能練成的，但我年復一年地不斷練習。

這就是將自己從逃避之牢釋放出來的辦法——讓感覺浮現、被感覺穿透，然後再把感覺放下。

§ 打開逃避牢籠之鑰

一、**去感受，才能治癒自己：**養成天天檢視內心感受的習慣。選一個平靜的時刻，例如坐下來等開飯時、在超市排隊等結帳時或刷牙的時候。深呼吸幾口氣，問自己：「此時此刻我有什麼感覺？」仔細觀察全身的知覺感受，像是緊繃、刺癢、愉悅或痛苦。看你能不能辨認出一種感受，不帶批判，也不試著改變它，純粹只是指出自己有什麼感受。

二、**一切都是暫時的：**當你養成習慣，已經能夠在平淡無奇的時刻自在地觀察自身感受，接下來就請試著在情緒波濤洶湧時，貼近自己的感受，不論是負面或正面的情緒。如果可以，請跳脫激起你喜怒哀樂等情緒的處境或互動，靜坐片刻，調整呼吸——不妨試著閉上眼睛，將手輕輕放在大腿或腹部，這麼做或許有助於靜坐和調息。先從指出你的感受開始，接著再看看能否找出這份感受在身體的哪個部位。對你的感受好奇一下：是冷還是熱？是鬆還是緊？是灼痛、疼痛，還是抽痛？最後，觀察這份感受如何變化或消散。

三、**憂鬱的相反是表達：**回想最近對朋友、伴侶、同事或家人避談內心感受的一次談話。現在為自己的感受負起責任還不晚，你還來得及說出內心話。告訴那個人，你思考道那次的談話，希望能接著聊下去。安排一個方便說話的時間，告訴對方：

「你知道，我當時不知道該如何表達。但我現在明白了，當____的時候，我的感覺是____。」

第三章

其他關係都會結束——自我疏忽的牢籠

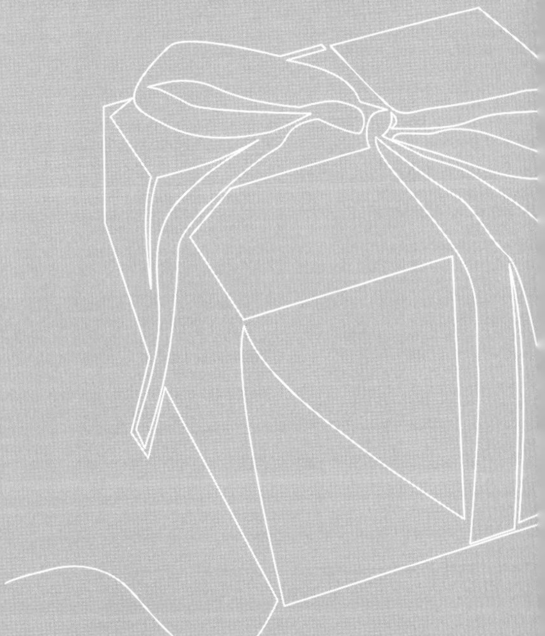

遭到遺棄是人類的頭號恐懼，於是我們很早就學會如何博取「三A」：關注（**Attention**）、情感（**Affection**）和認同（**Approval**）。為了讓自己的需求得到滿足，我們想方設法做別人認可的事、成爲別人認可的人。這不成問題，問題是我們老在求取別人的認同，以爲必須這樣做才會有人愛。

把整個人生交託到別人手中是很危險的一件事。其他關係都會結束，你才是自己唯一的終身伴侶。所以，你要如何成爲那個無條件、眞心誠意、最愛自己的照顧者呢？

．犯錯沒關係，因爲我們都在學習．

孩提時期，我們接收到各式各樣、有形無形的訊息，這些訊息塑造了一個人的觀感和價值，可能就一直懷著這些訊息長大成人。

舉例來說，布萊恩的父親在他十歲時拋棄家庭，自此他便成爲一家之主，竭盡所能地照顧媽媽，讓她過得輕鬆一點，確保她不會也離開他。就這樣，布萊恩抱著照顧者的身分認同，長大成人後也總是和需要照顧的女人談戀愛。他怨她們老是要他做出犧牲，但自己卻很難設下界線。布萊恩以爲想被人愛就必須被人需要。

另一位病患馬修的母親不是自願懷上他的。母職對她來講只是一種負擔，她對初爲人母既不期待亦無熱情。孩子感受得到父母對生兒育女的壓力、失望與不滿，他們會把父母的負擔也帶到自己的人生中。長大成人之後，馬修依舊害怕遭到遺棄，而他的恐懼會以憤怒的形式表現出來。他對歷任女友都很壞，還會當衆大肆咆哮，有一次甚至把一隻狗從停車場這頭丟到另一頭。他深怕被拋棄，結果這份恐懼成了自證預言❶，他的言行舉止讓旁人選擇遠離他，然後他又會說：「我就知道會這樣。」爲了控制自己對被拋棄的恐懼，他成了自己也害怕的那種人。

在多數人的記憶中，即使沒有什麼明確的事件或創傷，迫使自己努力爭取被愛或被看見，但總有爲了保住他人的認同，而去護著他人或爲別人表現的時候。久而久之，我們可能就以爲別人之所以愛自己，是因爲我們呈現出來的成果、是因爲我們在家中扮演的角色，或是因爲我們會去照顧別人。

不幸的是，許多家庭的本意是要激勵孩子變好，但卻創造出一種成就文化，把孩子的「存在」與「作爲」綁在一起，使得孩子以爲大家重視的不是自己，而是他的行爲表現。孩子在高度的成就壓力之下——要考高分、要成爲傑出的運動員或音

❶心理學術語，指一個人的行為受到預設心理的影響，導致自己預設的結果成真。

樂家、要擠進大學的窄門、要從頂尖名校拿到學位、要在競爭激烈的領域找到高薪工作……但如果愛是用成績單和乖巧換來的，那根本就不是愛，那是操弄的手段。當父母師長如此注重成就，孩子就感受不到無條件的愛——無論如何都被愛的愛、可以自由做自己的愛。**犯錯沒關係，因爲我們都在學習如何去愛。**

我的孫子喬登是一位攝影師，最近他受雇到洛杉磯的一間演藝學苑拍人像照。拍攝當天，一位幾天前才剛榮獲兩座奧斯卡金像獎的導演來看他們上表演課，有人問他把獎座放在哪裡，他回答：「塞在抽屜裡。」大家聽了都很訝異。他說：「我可不想孩子們每天放學回家就看到我的奧斯卡獎座，心想：『我怎麼可能比得上我老爸？』」喬登跟我說這段趣事時，我不禁笑了出來，因爲他老爸也是成就非凡的人物。喬登的父親、瑪麗安妮的丈夫羅柏得過諾貝爾經濟學獎。羅柏也是隨意放置他的獎牌，就塞在抽屜裡！

我們沒有必要把自己的成功藏起來，不讓孩子看見。但那位導演和我的寶貝女婿羅柏都體認到，獎項和成就不代表他們是誰，他們沒有把自己是誰和自己做了什麼混爲一談。當我們將個人成就和自我價值混爲一談，對孩子來講，成功和挫敗都可能成爲一種負擔。

瑪麗安妮跟我說過一件溫馨的趣事，這件事正好用來提醒大家：我們可以選擇留給後代很不一樣的東西。

有一次，她的孫子（我的長曾孫）席拉斯來瑪麗安妮和羅柏家過週末。他說：「奶奶，聽說爺爺得了個很重要的獎。」他想見識見識。瑪麗安妮從抽屜裡翻出那面獎牌，席拉斯端詳了很久，還伸出手指撫摸金牌上爺爺的大名：羅柏特．弗瑞．安格三世。最後，他說：「我的中間名是『弗瑞伊』，這牌子上寫著『弗瑞』，為什麼有兩個字一樣呢？」瑪麗安妮說：「嗯哼，你覺得你的中間名是按誰的名字取的呢？」席拉斯很高興自己有一部分的名字來自他爺爺。後來，有一位朋友來他們家吃晚餐，席拉斯自豪地問：「你看過我的獎牌嗎？」他跑去從抽屜裡拿出獎牌，說：「看到沒？我的名字在上面。爺爺和我得了一個獎。」

活在成功的陰影之下、覺得必須達到一定成就才值得被愛，並不是件好事，但祖先的強項與技能也是我們的一部分，那是祖傳的遺產，他們得的獎也是我們得的獎。為子孫好，我們要做的不是創造出一種自誇或自貶、高成就或低成就的文化，而是創造出一種享受成就的喜悅文化——努力的喜悅、發揮天分的喜悅。**不是因為必須有成就，而是因為我們有栽培自己、達到成就的自由，因為我們幸而擁有「生命」這份大禮。**

・不要活在別人的眼光裡・

關於「發展自己的天賦，而不是滿足別人的期望」這件事，我從二女兒奧黛莉和他兒子大衛身上學到很多。大衛是個聰明絕頂又富有創造力的孩子。一學會認字，就對運動方面的數據過目不忘。我永遠都記得他兩歲時，我們一起看了《綠野仙蹤》，他推敲出在龍捲風裡騎腳踏車的那個女人是東方壞女巫。中學時期，他的課外活動表現出色，會打球、寫歌，還和合唱團一起演出，更在學校創辦了喜劇社，但他的學科表現是個問題。奧黛莉和她先生戴爾常被叫去輔導室，因爲大衛的成績岌岌可危。高三那年，大衛錄取了兩所小型私立大學，他勉爲其難地告訴父母，他覺得自己還沒準備好，暫時還不想上大學。

我們家向來重視教育，一部分是因爲畢拉和我的人生被戰爭打亂，錯過了受教育的機會。但奧黛莉沒有指責大衛或造成他的罪惡感，她把他的心聲聽進去了。他們住在德州首府奧斯汀，一聽說奧斯汀要成立一所新的音樂學院，她就跟大衛說，如果他進得去，就可以給自己一年的空檔，先專注在音樂上，接著再來想想上大學的計畫。他趕緊把握機會，錄了自創歌曲的試聽帶，順利在音樂學院爭取到一個名額。

把時間花在喜愛又擅長的事情上，而且感覺到父母支持他依自己的步調、照自己的方式發展的這段歷程給了大衛目標與動力，讓他日後走上自己嚮往的職涯之路。當他眞的就讀大學時，他有合唱團的獎學金，知道自己想做什麼，而且是眞心想去上大學。做出對自己好的選擇，而不是爲了滿足別人的期望做該做的事。現在，他有新聞學系的學位，還有一份他熱愛的體育記者的工作，而音樂一直是他生活中很重要、很享受的一部分。奧黛莉和戴爾的教養方式令我既感動又佩服。大衛知道自己眞正的想法，並懂得表達出來，我也覺得他很了不起。

我們太常受制於他人的期望，覺得自己要擔負特定的角色或用處。孩子在家裡往往會被貼上標籤：有責任感的孩子、家裡的開心果、孽子逆女……當我們賦予孩子一個頭銜，他們就扮演起這個角色來了。而當家裡有一個「最優秀」的孩子（成績很好、成就很高或乖得不得了），通常就會有一個「最差勁」的孩子。正如同我的一位病患所言：「我弟小時候很愛搗蛋。我博取注意力的方式就是當個很配合的乖孩子。」但標籤並不是身分認同。標籤是一張面具，甚或是一座牢籠。我的病患說得很好：「乖巧是有限度的。我眞實的個性在檯面下暗潮洶湧，亟欲浮上檯面，但環境並不鼓勵我展現自我。」一旦開始活在別人的眼光裡，我們的童年就結束了。

・一起活得自由・

與其將自己限制在某一個角色或某一面向當中，不如認清每個人的內心都有一整個家庭的角色——有任性的部分，什麼都想立刻輕鬆到手；有孩子氣的部分，充滿好奇、隨心所欲、順從直覺與渴望，不帶成見、恐懼或羞愧；有愛撩人、愛冒險、愛挑戰的青少年；有理性的大人，懂得深思熟慮、制定計畫、設下目標、找出達成目標的辦法；還有一對父母，一個扮白臉，一個扮黑臉，一個慈祥和藹、呵護備至，一個提高音量搖著手指說：「你應該、你必須、你不得不。」要有一整個家庭的內在角色，我們才是完整的。**而當我們活得自由，這個內在家庭就會和諧運作，發揮團隊精神，每個角色都受到歡迎，沒人缺席、受委屈，也沒人獨霸天下。**

內在自由的靈魂助我撐過奧斯威辛集中營，但若是沒有負責任的大人看著，這個自由奔放的小孩也可能會製造一堆混亂，關於這點，我的孫女、奧黛莉美麗的女兒瑞秋可以作證。瑞秋從小就愛做菜，她問我能不能教她做一些匈牙利菜時，我覺得很感動，決定教她做我最愛的一道菜餚：紅椒雞。跟瑞秋一起在廚房做菜，聞著奶油（很多很多的奶油！）和雞油炒洋蔥的香氣，宛如置身人間天堂。但我很快就注意到她父親戴爾在一旁，忙著擦我從湯匙裡灑出來的雞油和香料粉。就連耐心過人、實事求是的瑞秋都快受不了了。最後，在我把一堆大蒜粉和紅椒粉丟下鍋之前，她終於抓住我的手臂說：「停！如果我要把這份食譜學會，那我就得測量並寫下妳丟了多少調味料下去。」

我不想停下手邊的動作。我做菜喜歡憑直覺，不量分量、不做計畫、隨心所欲。但這樣就不能給瑞秋她需要的基礎了。爲了有效地將我會的傳授給她，我不能只靠內在自由的靈魂，內在的理性大人和慈愛父母也要在場，這個團隊才完整。

現在，瑞秋做的紅椒雞和豬肉燉酸菜最好吃了。有一天，我想做堅果捲，結果還得打電話問她麵糰裡是加半杯水就好，還是要加滿一杯水。她查都不用查食譜就說：「是半杯！」

·把自己囚禁在自認爲的角色裡·

當我們自認要靠扮演某個特定的角色活下去時，內在的各個家庭角色之間要取得平衡就特別困難。數十年來，艾瑞絲和她的父母及姊姊一直維持很不健康的相處模式，她受制於自己在家中習慣扮演的角色。現在，她試圖要掙脫束縛。

二次大戰期間，她父親於軍中服役。一次，他負責的坦克車爆炸，當時車上還載了人員。爆炸事故之後，他就被解除職務了。後來他成為精神科護士，但卻開始酗酒，而且罹患了憂鬱症、妄想症和思覺失調症。四個孩子中排行老么的艾瑞絲出生時，他的病情嚴重到必須定時長期住院。在艾瑞絲的記憶中，他是一個溫柔、敏感又有才華的人。她喜歡在洗完澡後就坐在他的大腿上，讓他幫她把打結的濕髮梳開。夜裡，她會假裝在沙發上睡著，讓他把她抱到床上，在他臂彎裡的感覺很好。艾瑞絲十二歲時，他曾發生一次嚴重的心臟病發，救護車趕來時，他已經停止心跳十二分鐘了。醫療團隊成功救活他，但他的腦部嚴重受損，永遠只能住在他曾服務的那間醫院。最終，他在她十八歲時病逝。

艾瑞絲在年紀尚小時就學會當家裡的照顧者。在她最初的記憶中，父母曾發生過一次火爆的談話，當時她感覺得到屋裡瀰漫著火藥味，以及希望能緩和緊張的氣氛。她父親一把將她撈起來抱在懷裡，說：「妳最乖了，從不惹麻煩。」

艾瑞絲的母親和姊姊更強化了這則訊息。她在家中扮演起表現滿分、負責任、其他人可以依靠的那一個。她母親是個做事勤奮、不妄下論斷的人，總是對別人言行舉止中隱藏的傷害或羞辱很敏感。在父親狀況最不好的那幾年，母親始終對他不離不棄，但在艾瑞絲正值少女時期，母親卻精神崩潰了。幾年後，母親也病倒時，她對艾瑞絲說：「我就像是身處在一片颳著狂風暴雨的大海上，而妳是我的磐石。」

艾瑞絲和她母親都很擔心她的三個姊姊，這份共同的擔憂成爲這段母女關係的主軸。姊姊們的人生崎嶇又混亂，三人都有過遭受性侵和家暴的創傷，也一直在對抗成癮症、憂鬱症及自殺衝動。艾瑞絲和三個姊姊現年三十好幾，她對她們的感受五味雜陳，而這些複雜的感受主要源自於她在家中的照顧者角色。

「我總是懷著很重的責任感而活。」她告訴我：「大家都說我是『幸運兒』，沒有經歷過家暴那一段。我年紀還小而他精神最錯亂的時候，他都住在精神病院裡，離大家遠遠的。我從來都沒有過自殺的念頭，還和一個善良的男人生了三個很棒的小孩，婚姻生活幸福美滿，三個孩子現在都大了。我對自己擁有的好運很內疚，也爲姊姊們心碎，若不爲她們多做一點，就會覺得自己很自私。有時候，我覺得心力交瘁，可能是因爲很努力維持家中的安穩，也可能是因爲很努力當一個不惹麻煩的乖乖牌，因爲別人的問題都比我的問題嚴重。我也曾幻想自己中樂透，替她們每個人都買一棟房子，確保姊姊們餘生經濟無虞，這樣我的罪惡感或許就能輕一點。」

艾瑞絲是個美女，有一頭金色的捲髮和豐滿的雙唇，但卻看似心事重重。在她說話時，一雙藍色的眼睛總顯得閃爍不定——那份焦慮來自努力做到滿分的人生。艾瑞絲把自己囚禁在自認爲的角色和身分認同裡：她要改善別人的生活、減輕別人的負擔，不要製造麻煩或帶來更大的問題，她要當能幹、可靠、負責的那一個。她也成爲罪惡感的囚徒，那是一種倖存者罪惡感，因爲她的人生旅途比媽媽和姊姊們走得順遂。我要怎麼引導艾瑞絲走出「負責任」「乖乖牌」「但願能拯救別人」的自我定位呢？

我告訴她：「直到妳開始愛自己之前，妳都沒辦法爲姊姊做什麼。」

「我不知道該怎麼辦。」她說：「今年我跟她們幾乎沒有聯絡。我覺得鬆一口氣，但又覺得自己怎麼可以鬆一口氣。我很擔心她們過得不好，思考自己能不能做更多。坦白說，我其實可以做更多。然而，如果做得更多，又會害自己很累。所以整個人一團亂，不知如何繼續下去。」

她接著說：「我不知道如何重塑和她們的關係。我很糾結，雖然想跟她們聯絡，但捫心自問，其實不跟她們聯繫感覺輕鬆多了。可是這種感覺很糟糕。」

‧什麼時候適可而止？‧

把內疚留在過去，把擔心留給未來。

有兩件東西我希望她能放下：內疚和擔心。我告訴她：「把內疚留在過去，把擔心留給未來，妳唯一能改變的是現在。三個姊姊要怎麼過不是由妳來決定，妳唯一能愛、能接納的是自己。問題不在於妳要怎麼愛姊姊才夠，而在於妳要怎麼愛自己才夠。」

她點頭，但我看到她眼裡的遲疑。她的笑容有所保留，彷彿光想到「愛自己」就不自在。即使沒有覺得不自在，至少也對這個概念不熟悉。

「親愛的，一心想著自己還能爲姊姊們做什麼並不健康。對妳來講不健康，對她們來講也是。妳把她們變得無能了。因爲妳讓姊姊依賴妳，剝奪她們負責任、長大成人的能力。」

我指出有需要的或許不是她們，而是艾瑞絲。有時候，人有被需要的需求。如果不去拯救別人，就會覺得自己很沒用似的，但當你依賴他人對你的需求，就很有可能會跟一個酒鬼結婚，因爲對方不負責任，你負責任，因此，你又重新創造了同一套模式。

我告訴艾瑞絲：「現在是妳跟自己結婚的最好時機，否則妳只會讓情況雪上加霜，不會改善任何情況。」

她默不作聲，表情茫然。「好難喔。」她說：「我還是很內疚。」在她們還小的時候，大姊的脾氣很暴躁，他人總是對她退避三舍。當時沒人知道她被性侵過。艾瑞絲放學回家就躲在臥房裡，避開喜怒無常的大姊。她和二姊、三姊會去求爸爸媽媽：「你們不能把她送走嗎？你們就不能管管她嗎？」一天，大姊和父親大吵一架，她推了他一把，他因此撞破紗門，跌了出去。爸媽就是在這時決定把她送去女孩之家❷，她的人生自那時又更加坎坷了。

「爸媽選擇把她送走可能是因爲我。」艾瑞絲說。

「妳如果想和姊姊有一份相親相愛的關係，那妳們的關係就不能建立在彼此需要上，必須建立在妳們想要彼此的扶持與陪伴上。」我說：「所以，妳可以選擇。妳是想要繼續內疚下去呢，還是想要擁有愛呢？」

選擇愛就是善待自己、對自己好、愛自己。不再舊事重提、不再爲了沒能拯救每一個人而抱歉。選擇愛就是對自己說：「我盡力了。」

「但感覺這是我終其一生的功課，得找出可以解決發生在我們幾個人身上的問題的方法。」艾瑞絲說：「身爲唯一一個沒碰上什麼大麻煩的人，當時家裡也只有我還不至於潰不成軍。如果不去幫她們，就會讓我覺得自己像一個叛徒。」

面對病患，在我首先會問的問題中，有一題是：「你的童年是在什麼時候結束的？」也就是你什麼時候開始保護或照顧別人？你什麼時候開始擔負起某個角色，不再做自己？

我告訴艾瑞絲：「妳可能非常早熟，很早就成爲一個能夠負起責任、照顧別人的小大人。而且，就算做得再多，妳還是很內疚，覺得做什麼都不夠。」

她眼眶含淚地點點頭。

「所以，妳現在要做出決定：什麼時候適可而止，夠了就是夠了？」

·自珍自重是好事·

說來容易，但我們很難改掉凡事做到滿分的習慣。**找到新的辦法建立愛與關係，在這段關係裡相互依賴，而不是只有單方面的依賴；以愛爲本，而不是以需要爲本。**

在設法幫助病患認清自己早年養成的模式時，我常常會問：「有沒有什麼事你做得過頭了？」人往往會用食物、糖、酒精、購物、賭博、性愛等物質與行爲來治療自己所受的傷，就連正向的事都有可能會做過頭，像是對工作、運動或節食上癮。但當我們渴望的是關注、情感與認同，或是希望得到小時候沒有得到的東西，那麼無論用什麼來填補那份需求都是不夠的。例如去五金行買香蕉，就是你找錯填補空虛的地方了，因爲你要的東西不在那裡。然而，許多人還是一直跑錯地方。

❷ 專收女生的孤兒院，通常為教會機構，由修女管理經營。

有時候，我們對「需要」上癮。有時候，我們對「被需要」上癮。**自珍自重是好事。練習愛自己和照顧自己也是好事。**

露西亞是一名護士，她告訴我，以別人為重彷彿是她與生俱來的天性。她生來就是要問別人：「你需要什麼？我能幫你什麼忙嗎？」她嫁給一個予取予求的男人，把他的孩子養大（包括一個有殘疾的女兒），總是被人呼來喚去、做這做那，就這樣過了數十年的婚姻生活，她才開始問：「那我呢？我算什麼？」

現在，她學會更自我一點，不再輕易放棄自己的喜好和渴望，即便有時別人會很反彈。她第一次對丈夫設下界線、拒絕從沙發上起身去幫他弄點心時，他吼道：「這是命令！」她深吸一口氣，穩住自己的情緒，說：「我不接受命令。你要是再用那種方式跟我說話，我就離開這個房間。」

她學著覺察身體發出的訊號。每當她要答應別人的請求時，如果胸口一緊，那就表示她該停下來，問問自己：「我想做這件事嗎？做起來會不會感到很哀怨？」

・「愛」的意思是練習愛自己・

琳希和喬登還小的時候，瑪麗安妮和羅柏約好給彼此「單飛之夜」，讓對方獨自離開家裡。羅柏答應在瑪麗安妮的單飛之夜當天在家陪小孩，反之亦然。某個星期，有一位知名的經濟學家從倫敦來美國訪問，羅柏想去聽他演講，但日期剛好是瑪麗安妮的單飛之夜，她已經買好票，要跟朋友去看戲，而羅柏已經承諾要在家陪孩子們。當他告訴瑪麗安妮說他來不及找保母時，她大可打電話給朋友改約別的時間，並聯絡戲院幫她們換成另一晚的票。我們總能選擇有彈性地做出應對方法，但問題是有很多人都會出於習慣，急著調整自己去配合對方，爲別人的問題負起太多責任。是我們訓練別人不靠自己，而來依賴我們，所以我們就爲自己鋪了一條哀怨之路。瑪麗安妮親了羅柏的臉頰一下，說：「天啊，親愛的，聽起來你去也不是，不去也不是，希望你能想出兩全其美的辦法。」最後，羅柏帶著兩個孩子一起去聽演講，他們穿著睡衣在觀衆席的椅子底下玩得不亦樂乎。

「愛」是一個用時間拼出來的單字。

人活著有時需要順著別人的意思。有時候，以他人的需求爲優先、改變我們的計畫是正確的做法。何況我們當然想盡力支持自己心愛的人、滿足他們的要求與渴望、彼此協調、互相依賴。但如果我們長期處於犧牲狀態，讓自己成爲烈士或害自己滿腹怨尤，那就不叫慷慨了。「愛」的意思是練習愛自己，對別人慷慨也對自己慷慨，同理別人也同理自己。

我常說「愛」是一個用時間拼出來的單字。內在資源是無限的，但時間和精力卻是有限的。如果你要上班、上學；如果你有小孩、有戀愛對象、有朋友；如果你要當志工、要運動，或要參加讀書會、互助團體、教會組織；如果你要照顧年邁的父母或某個有醫療需求、特殊需求的人——你要怎麼安排時間，才不會疏忽自己？你什麼時候休息和充電？你如何在工作、戀愛和玩樂之間取得平衡？

・靠自己不代表拒絕他人的照顧與關愛・

有時候，爲自己挺身而出最難的方式就是開口求助。我和我的搖擺舞舞伴吉恩曾交往了幾年，他是一位溫柔斯文的紳士。在他必須住院的幾星期間，我天天去看他，他也很樂意被我當成孩子一樣照顧。我會握住他的手，用湯匙一口一口地餵他吃飯，能夠收到「爲人付出」這份禮物是件很棒的事。一天下午，和他坐在一起時，我注意到他在發抖。他這時才承認他其實覺得很冷，但對吉恩來講，體貼別人是最重要的事，他怕被人認爲要求很多，所以決定不跟護士要一條更暖和的毯子。爲了不要造成別人的麻煩，忽視了自己的需求。

以前我也會這樣。移民初期，畢拉和我帶著瑪麗安妮，住在巴爾的摩公園高地一棟房屋後方的狹小傭人公寓裡。我們身無分文地來到這個國家，還得借錢才付得出十美元的船資。夫妻倆含辛茹苦地餵飽一家人。在艱困的條件下，把食物先放到畢拉和瑪麗安妮的盤子上是我引以爲傲的一件事。大家都吃夠了，我才會分給自己。的確，對生兒育女而言，慷慨和同理很重要，但無私無我對誰都沒好處，只會讓每個人都受到剝奪。

還有，靠自己也不代表拒絕他人的照顧與關愛。

德克薩斯大學奧斯汀分校是激進主義和進步主義政治思潮的溫床，奧黛莉就讀該校期間，有一次從學校回家過週末。星期六早上，她打開我的房門，看到我穿著名牌睡衣坐在床上，畢拉正在餵我吃新鮮的木瓜。奧黛莉被這一幕嚇一大跳。

「媽！」她大喊一聲。當下那個穿得美美的、靠別人伺候的我，惹得她很反感。我違背了她心目中的新女性形象。

她沒看到我所做的選擇——尊重及擁抱先生從照顧我當中得到的喜悅。每逢星期六，他都會早早起床，開車穿過美墨邊界，到華雷斯城的生鮮市場找我愛的木瓜，這是爲他帶來喜悅的一個生活重心。對我來講，和他一起共享每週六的美味儀式、接受他對我的付出也是一件樂事。

‧你一輩子都擁有自己‧

所謂自由是負責做眞實的自己，認清在過去爲了滿足需求，所採取的應對機制或行爲模式。你重拾不得不放棄的部分、拿回不被允許的東西，活出完整的自我，打破放棄自己的習慣。

切記：你擁有一件別人都沒有的東西，那就是你自己。你一輩子都擁有自己。這就是爲什麼我時時對自己說：「伊蒂特，妳是獨一無二的。妳很美。願妳每一天都更伊蒂特。」

打破自棄的習慣吧！

身心雙方面，我都不再因循否定自己的習慣，以當一個難伺候的女人爲榮！我的養生法包括針灸和按摩，定期做不必要但感覺良好的美容療程。我敷臉、染髮——不只染一種顏色，而是從深到淺，染三種顏色。我去百貨公司的化妝品櫃位，實驗畫眼影的新方法。若不是發自內心學會重視自己，就算給自己再多外在的寵愛，也改變不了對自己的觀感。但現在我既然愛自己、看重自己，知道外在的照顧也是內在保養的一部分——不帶一絲罪惡感地款待自己，讓外表成爲自我表現的一個管道。還有，我學會了接受讚美。如果有人對我說：「我喜歡妳的圍巾。」我就會回他：「謝謝你。我也喜歡。」

我永遠不會忘記瑪麗安妮正值青春期的某一天，我帶她去逛街，她試了一套我幫忙挑的衣服後說：「媽，這不是我的風格。」她的話嚇我一跳。我擔心自己把她養成一個挑剔甚或不知感恩的人了，但接著轉念一想：孩子知道自己要什麼、知道自己的風格是什麼，這不是件可喜可賀的事嗎？

親愛的，找到眞實的你，不斷塡滿更多的「你」。不需要爲了被愛刻意做些什麼，只要當自己就夠了。願你每一天都更像「你」。

§ 解開自我疏忽之鑰

一、**所謂熟能生巧，每天至少花五分鐘，練習品嘗愉悅的感受：**早晨的第一口咖啡、晒在皮膚上的和煦陽光、心愛的人給你的擁抱、笑聲或屋頂上的雨聲、烤麵包的香氣。給自己時間注意並體會喜悅的感受。

二、**工作、愛、玩樂：**做一張圖表，呈現自己在一週當中每天醒著的時間，以及標出每天花在工作、愛和休閒娛樂的時間（有些活動可能不只符合一個類別，若是如此，請採取所有適用的標記。）算一下在典型的一週當中，你總共花幾小時工作、愛和玩樂上。大致來講，這三個類別的時間分配均衡嗎？要怎麼安排你的一天，才能為目前最受忽略的部分多付出一點時間？

三、**給自己一些關愛：**回想過去這一週別人對你的要求，或別人請你幫的忙。你是怎麼回應對方的？你的回應是出於習慣、出於必要，還是出於自己的渴望？這種回應帶給身體什麼樣的感受？你給予的回應對自己有好處嗎？現在，再回想過去這一週你請別人幫的忙，或想要請別人幫的忙。你是怎麼跟對方說的？結果如何？你的反應對你有好處嗎？今天能做什麼自珍自重的事情，給自己關愛和照顧？

第四章

一個屁股，兩張椅子——祕密的牢籠

我們匈牙利人有句話說：「如果你一屁股坐在兩張椅子上，你就成了個半吊子。」一個人若是過著雙重生活，最終總會付出代價的。所謂自由是活得真實，理想和真實的自我彼此一致，不再跨坐在兩張分開的椅子上。你必須學會在一張椅子上坐好坐滿。

・找到方法表達渴求與希望・

蘿萍來見我時，她就是在兩張椅子之間掙扎擺盪，婚姻岌岌可危。拚命切實做到丈夫的要求使得她身心俱疲，他們的婚姻變成一個空殼，毫無熱情可言。她覺得自己需要戴上氧氣罩才過得下去，爲了尋求解脫和快樂，她有了婚外情。

劈腿是很危險的遊戲。天底下最刺激的莫過於一個新的戀人了，當你躺在新戀人的床鋪上，你們談的不是誰去倒垃圾、這次輪到誰開車載孩子們去練足球，這段戀情只有享樂而無責任，只是曇花一現。外遇之初，蘿萍像是重新活了過來一樣。有一段時間，她每天都興高采烈的，覺得自己備受寵愛。由於她對情感與親密的渴求在別的地方得到了滿足，所以也變得能夠忍受家裡的狀況，但後來她的戀人下了最後通牒，要蘿萍在他和丈夫之間選一個。

她第一次和我約談是因爲進退兩難，無法下定決心。第一次的會談中，她不斷兜圈子，細數兩種選擇的利弊：選擇離婚，戀人就不會離她而去，但她的兩個孩子會受到很大的衝擊。選擇繼續這段婚姻，就要放棄那個讓她覺得被看見、被珍惜的人。要不犧牲孩子的幸福，要不犧牲她的滿足。但她要做的決定，根本上不在於選擇哪個男人。無論是退縮、躲藏，還是懷著祕密，她怎麼對待現任丈夫，以後就會怎麼對待那位戀人或任何一段戀情，直到選擇改變爲止。重點不在於選擇對的人，而在於找到辦法表達她的渴求、希望和恐懼，不論在哪一段關係裡。如此一來，她才有自由可言。

這是一個很常見的問題。即使是從熱情與契合才開始的婚姻，後來也可能變成一座牢籠。這是日積月累慢慢形成的結果，我們往往很難察覺牢籠的鐵條是在什麼時候、以什麼方式鑄成的。婚姻中有一些尋常的干擾——經濟壓力、工作壓力、來自孩子和親戚的壓力，抑或是疾病造成的壓力，由於夫妻沒有時間或辦法解決這些惱人的問題，擔心、傷害和憤怒就開始累積，久而久之更難表達這些感受了，因爲一旦說出來，就會導致關係緊張和爭吵，所以乾脆避而不談。不知不覺間，夫妻倆就過起同床異夢的生活，爲第三者打開了方便之門，讓別人來填補夫妻間失去的東西。

誠實始於學習對自己說眞話。

兩人之間關係緊張不是其中一方的錯，雙方都做了一些疏遠彼此和導致爭吵的事情。蘿萍的先生是完美主義者，他處處數落她的不是，又愛妄下論斷，而且很難取悅。一開始，蘿萍很難承認自己也在破壞這段關係。她的退縮、躲去另一個房間、相應不理、消失都是造成破壞的行爲，最重要的是隱瞞她的不快樂。外遇還是次要的祕密，主要的祕密是她已經習慣對丈夫隱瞞，隱瞞她每天的高低起伏、喜怒哀樂、渴望和傷痛。

我告訴蘿萍，如果她願意，我會繼續協助她處理問題，條件是她要先把婚外情放一邊，先和自己建立起更爲誠實的關係。我出了兩項作業給她，第一項作業我稱之爲「偵測生命徵象」，是一種快速測量情緒溫度的辦法，有助於覺察自己的內在氣候和表現於外的情緒天氣。就算一句話也不說，我們隨時都在溝通交流，人唯一沒在溝通交流的時候，就是陷入昏迷的時候。一天數次，有意識地注意身體知覺，問問自己：「我的身體柔軟溫暖嗎？還是冰冷僵硬呢？」

蘿萍發現自己很常處於僵硬、緊繃、封閉的狀態，她並不樂見如此。久而久之，測量情緒溫度的舉動幫助她軟化下來，這時，我把第二項練習——「打破舊有模式」介紹給她。這是有意識地用別的反應取代慣有反應的方法。每當蘿萍發覺自己想要迴避或隱瞞老公，就越要刻意面對他，不要躲起來。她很久沒有深情款款地望著老公了，現在她練習以柔和的眼神凝視他，有一次吃晚餐時，她甚至伸手輕握他的手，這是邁進親密的一小步。如果想要重修舊好，還有很多需要修復的地方。但值得高興的是，他們已經開始動作了。

·面對眞相，釋放焦慮·

只要我們隱藏或否認某個部分的自己，破損的自我就無法被修復。被消音或被掩飾的部分就像地下室裡的人質，只會益發迫切地試圖引起關注。

正因我是過來人，所以我才知道。有好多年的時間，我都試圖隱藏過去，掩蓋掉發生在我身上的事，收起我的悲痛和憤怒。戰後，畢拉和我逃離歐洲共產主義國家，帶著瑪麗安妮來到美國。我想當個正常人，不想當一個殘破不全的人、一個從大屠殺倖存下來的母親。我在一間成衣工廠當女工，負責把小男生內褲縫線上鬆脫的線頭剪掉，一打內褲可賺七美分。我不敢開口說英語，怕別人聽出我的口音。我只想融入人群、被接納、不想受同情、不想亮出我的傷疤。要經過數十年，直到結束臨床心理學的訓練後，我才明白這種雙重生活的代價。我不治療自己卻想治好別人，就等於是個冒牌貨，表面上是醫生，骨子裡卻是驚恐的十六歲少女，嚇得發抖，披著否認、高成就和完美主義的外衣。

除非能夠面對眞相，否則我也逃不出祕密的手掌心。

潛移默化間，我的祕密影響了孩子，至今我也還在了解他們到底遭受了什麼樣的影響。我從世界各地大屠殺遺族的來信中，讀到倖存者子女的童年回憶。瑪麗安妮、奧黛莉和約翰的童年回憶跟這些讀者很像，他們都感覺到平靜的表象下藏著恐懼與緊張。

露絲的雙親是倖存的匈牙利人，她告訴我，父母的沉默對她的成長造成什麼影響。表面上，父親和母親和樂融融，移居澳洲讓他們如釋重負。他們很高興能讓孩子受良好的教育，送孩子去學鋼琴和芭蕾舞，在安定的環境中把孩子養大，爲孩子的成就慶祝、交到朋友欣慰。他們常說：「感謝老天，我們很幸運。」創傷似乎沒有留下明顯的印記。

但露絲有種表裡不一的感覺。父母對現況的正面樂觀和對過去的三緘其口形成對比，其中的落差讓露絲很焦慮。無論是快樂的事，還是平淡小事，一種不詳的預感貫穿許多經歷。她隱約察覺到父母沒說出口的傷痛和恐懼。無形間，她總是籠罩在一種風雨欲來、災難將至的危機感底下。後來她成爲一位母親和成功的精神科醫生，但無論多有成就，她還是長期心懷恐懼，不斷自問：「爲什麼我會有這種感覺？」就連精神醫學的專業訓練都沒能讓她看清問題的癥結。

露絲的小兒子滿十九歲時，由於想多了解已不在人世的外公外婆一點，便請求露絲帶他和哥哥去匈牙利。隨著全球右翼極端主義的崛起，再加上體認到鑑往知來的重要，他亟欲認識過去的一切，但露絲卻步了。年輕時她去過匈牙利，當時正值共產主義的高峰，那次經驗並不是很愉快，所以她無意舊地重遊。接著，一位朋友推薦了《抉擇》這本書給她！讀這本書給了她全新的勇氣和衝動，讓露絲覺得非面對父母的過去不可，於是同意了這趟匈牙利之旅。

事實證明，和兒子們一起追溯她父母的過去，是一次脫胎換骨與療癒的經歷。他們參觀了一座猶太教堂，教堂裡收藏了布達佩斯猶太區的展覽品。有生以來第一次，她從照片中看到她母親是怎麼活過來的。面對眞相很痛也很難，但也讓人從中得到幫助與力量。她對父母有了新的認識與共鳴。明白爲什麼他們不願提起過去，也很感激他們努力保護她和自己。但掩蓋或淡化眞相不會保護我們心愛的人。要保護心愛的人，就要花功夫治療過去的傷，才不會在不知不覺間將創傷傳給他們。和家族歷史面對面，露絲感覺自己的內心達到和諧一致。她學會面對內心那股焦慮感的根源，並開始釋放那份焦慮。

・營造出愛與接納的氣氛，才有可能獲得自由・

我一直沒有著手療癒自己的傷，直到一位德克薩斯大學的同學送我一本維克多・弗蘭克的《活出意義來》，而我終於鼓起勇氣拜讀為止。我有太多推託的理由：我不需要讀別人對奧斯威辛集中營的記述，我自己就在那裡啊！為什麼要再經歷一遍那些痛苦？為什麼要害自己做噩夢？為什麼要重訪地獄呢？但當我終於在夜深人靜時打開這本書，出乎意料的事情發生了：我覺得被看見。弗蘭克待過我待的地方，感覺就像他直接對著我說話。我們的經驗不完全一樣。他被囚禁時三十多歲，已經是一位功成名就的精神科醫生了。我被囚禁時則是一個十六歲的體操及芭蕾學生，成天想著我的男朋友。但我和弗蘭克共有一段過去，而他書寫那段往事的方式改變了我的人生。我看到了新的可能——我可以不再保密、不再隱藏，不再抗拒和逃避過去。從他的話語（以及日後他給我的指點）中得到勇氣與啓發，終於開始面對及表達我的內心話，把藏在心裡的祕密說出來，並重拾眞實的自我。

當我們懷著祕密，抱著否認、自欺欺人或刻意淡化的態度，總結和放下過去就成為不可能的任務。

有時候，守住祕密的需求是心照不宣或不自覺的。有時候，別人是迫於無奈接受我們的三緘其口。**無論如何，祕密都是有害的，因爲它會營造並維持一種羞恥的氣氛。自由來自於面對及說出眞相，而我在下一章會談到，唯有在自己心裡營造出愛與接納的氣氛，才有可能獲得自由。**

§ 解開祕密牢籠之鑰

一、**如果你一屁股坐在兩張椅子上，就會成了個半吊子：**把兩張椅子並排而放，先坐在一張椅子上，不要蹺腳，感受一下雙腳是如何踩在地面上，坐骨又是如何沉甸甸地坐在椅子上。坐挺，感覺脊椎從骨盆伸展出去，頭部從頸部伸展出去。肩膀放鬆，拉開肩膀和耳朵的距離。深吸幾口滋潤的空氣，身體隨著吸氣伸展，雙腳隨著呼氣踩實。現在，把半邊屁股挪到另一張椅子上，注意你的雙腳、坐骨、脊椎、頸部、頭部和肩膀有什麼感覺。跨坐在兩張椅子上，你的身體和呼吸感覺起來如何？最後，重新回到一張椅子上。雙腳踩穩，坐骨坐穩，伸展脊椎和頸部。你的坐姿回正了，順著你的呼吸調整坐姿，讓身體呈一直線。

二、**誠實始於學習對自己說真話：**試試看蘿萍用來修復婚姻的「偵測生命徵象」練習。一日數次，有意識地注意身體的知覺感受，測量自己的情緒溫度。問問自己：「我的身體柔軟溫暖嗎？還是冰冷僵硬呢？」

三、**在安全友善的環境中，當著他人的面說出內心話：**互助團體和十二步驟戒癮會[1]都是分享內心話的好地方，一方面可以說出自己的感受，另一方面可以跟其他同路人切磋學習。找一個當地或網路上跟你有共鳴、有同感的聚會團體，至少出席三次聚會，再判定這個團體適不適合你。

❶最早由美國匿名戒酒會提出，用來協助戒除酒癮、毒癮、菸癮等上癮行為。

第五章

沒人拒絕你，除了你自己——內疚和羞恥的牢籠

我花了數十年才原諒自己活了下來。

一九六九年大學畢業時，四十二歲的我是外來移民，也是三個孩子的媽。學英文和重回學校需要很大的勇氣和很多的資源，而且我是以優異的成績畢業！

但我卻恥於參加自己的畢業典禮。

如同許多倖存者，戰後的歲月裡，我一直在和令人寸步難行的罪惡感交戰。截至大學畢業爲止，姊姊瑪格達和我已獲釋二十四年。但我還是不明白，爲什麼我活下來了，我的雙親、祖父母、外祖父母和其他六百萬人卻罹難了。即使是在一個慶祝成就的場合裡，我也認定自己是個毀損物，不配高興，每件壞事都是我的錯，我一定有什麼地方不對，而大家遲早會發現我有多殘破。

分清內疚和懊悔的差異很重要。懊悔是在犯了錯、傷了人之後應有的反應。比起內疚，懊悔的感覺更接近哀悼。懊悔代表你接受過去已成定局、一切無法挽回，並允許自己爲此傷心難過。在覺得懊悔的同時，承認自己之所以來到今天這一步，是因爲曾經走過的每一步、做過的每一個選擇，懊悔可以和寬恕及自由並存於現在。

但內疚將你困在過去。內疚的根源是羞愧，羞愧是自認「我不配」「我不夠」，內疚和羞愧很可能耗盡一個人的氣力。但這些想法是不實的自我評價、把自己困住的思維模式，而這種模式也是我們選擇的。

不管人生發了什麼牌，你總能選擇要拿這張牌怎麼辦。我曾在一場研討會上演講，臺下有一位相貌堂堂的男士聽到一半就起身離席了。當下我僵在講臺上，滿腦子自我否定的念頭：「我講得很爛。我不配受邀出席這場研討會。我真是不自量力。」幾分鐘過後，演講廳的門開了，那位離席的男士又坐回來。他可能只是去喝杯水或上個廁所，但我卻把自己批得一文不值。

沒有人生來以自己為恥，但許多人從小就被灌輸羞恥的感覺。我的長孫女琳希上小學時被分到「資優班」，而這個標籤令我無法苟同——因為每個孩子都是天賦異稟、獨一無二的寶石！琳希有時跟不上進度，老師就會叫她「吊車尾的小可憐」。他的話烙印在琳希的心裡，她漸漸認為自己沒有足夠的能力留在班上，她不屬於那裡、她不配，已經做好被踢出來的準備。但我跟她說不要讓老師的話定義自己，所以她繼續留在班上。多年之後申請大學時，她交的作文題目為〈當車尾成為車頭〉，最後以優異的成績從普林斯頓大學畢業。

我從小也被灌輸羞恥感，就在我三歲變得有鬥雞眼的時候。還沒動矯正眼睛的手術之前，兩個姊姊會對我唱惡毒的歌：「鬥雞眼，醜八怪，長大沒人要。」就連母親都會說：「幸好妳頭腦聰明，因為妳是別想靠外表了。」這些都是令人難受的評語，而且很難忘掉。但到頭來，問題不在於家人說什麼，而在於我真的信了她們的話，而且深信不疑。

・不讓他人的言語定義我們・

自由繫於全然接納不完美的自己，放下對完美的需求。

瑪麗安妮和羅柏帶著他們的孩子住在拉霍亞時，我每星期一都會去他們家煮晚飯，有時做美式料理，有時做匈牙利料理。照顧孫子、參與他們的日常生活，是我一週當中的亮點。有一天晚上，我人在廚房，爐檯上的湯鍋咕嚕咕嚕地冒著泡泡，煎鍋滋滋響。瑪麗安妮穿著美麗的絲質套裝下班回到家，立刻開始從櫥櫃裡拿出鍋蓋，爲鍋子一一配上對的蓋子。我的心一沉。我只是想幫忙、想讓家人開心，但她卻讓我看到自己做得不對、做得不夠好。我花了一點時間才明白，我的挫敗感不是來自瑪麗安妮，而是來自於自己。爲了打破「我是一個毀損物」的自我認知，我力求完美，想用成就和表現來雪恥。但我們都是人，不多也不少，只要是人都有做不好的時候。

說到底，**罪惡感和羞恥感不是來自外界，而是來自內心**。我有很多患者在離婚或分手過程中尋求心理治療。他們爲逝去的感情痛心，也爲隨之破滅的希望、夢想和期待痛心。但他們談的通常不是那份悲痛，而是遭到拒絕的感受。「他／她拒絕了我。」但「拒絕」只是我們編造出來的一個用詞。在得不到想要的結果時，我們會用「拒絕」一詞來表達內心的感受。誰說人人都該愛我們呢？有哪一位神明說我們就該得到想要的一切，天時地利人和全照自己的意思來？又有誰保證過我們能要什麼有什麼？沒人拒絕你，除了你自己。

所以，請選擇你要爲種種人事物賦予什麼意義。當我在演講結束後贏得滿堂掌聲，有一百位聽眾都過來含淚抱著我說：「妳改變了我的人生。」卻有一位聽眾握著我的手說：「妳講得很好，可是……」我可以瞬間陷入不安，惶恐地想著：「天啊，我做錯什麼了？」也可以泰然處之，認清問題不在我身上，而在於提出批評的人身上——因爲他們懷著先入爲主的期望來聽演講，或因爲給人批評指教帶給他們優越感。又或者我可以問自己：「對方的評語有沒有可取之處？聽取對方的意見對我的成長和創造力有沒有幫助？」無論採納與否，都可以跟對方說：「謝謝你的意見。」然後繼續走我的路。

若要享有免於羞愧的自由，就不能讓他人的言語定義我們。

還有，最重要的是：要對自己說些什麼的選擇操之在己。找一天傾聽你的自我對話，把注意力集中在你所關注的焦點上——這就是你會強化的訊息。它們會影響你的感受，而感受決定了作爲。但不需要照這些標準和訊息而活，你眞實的自我已經很美了，你生來就有愛、喜悅與熱情。可以重寫自己的內在劇本、重拾純眞。你可以成爲一個完整的人。

·「我是」「我能」「我可以」·

就蜜雪兒記憶所及，街上的路人看到她都會說：「我願不惜一切成爲妳。」高挑、苗條、貌美、事業有成，渾身散發溫柔可人的氣質，讓人想要靠近她。表面上看來，她再完美不過，但其內心有如槁木死灰。

在我的診所裡，看過無數次這種具有毀滅性的交互作用——夫唱婦隨，妻子是很棒的演員，總是扮演「最稱職的女主人」，她待人處世處處周到，卻不懂得好好照顧自己。丈夫也是一個演員，在別人面前一副浪漫、愛妻的形象，但私底下卻像老闆或家長，告訴她什麼該做、什麼不該做，支配她的時間和金錢。爲了討好、安撫和順應霸道獨裁的丈夫，妻子放棄了身爲成年人的權力，讓他做所有決定，用不吃東西來重拾掌控權，因爲吃是她唯一能控制的事情。透過名副其實地把自己縮小（體型越來越小），她脫離或減輕了那份無力感。在最嚴重的案例中，妻子就算想重新開始吃東西也做不到，因爲她的身體拒絕吸收養分。

蜜雪兒開始接受治療時（不是接受我的治療，而是在她那座城市一位很棒的醫生），她的飲食失調症已經很嚴重了。但促使她向外求助的不是厭食症，而是婚姻問題。她先生常常一副輕蔑、刻薄的態度，讓她覺得自己像是一個深受暴躁老爸驚嚇的小孩。理智上，她知道自己明明是一個成功的女強人，不是一個無能爲力的小孩，但在內心深處，她很怕挺身違抗他。當他的暴怒開始令孩子擔心、害怕時，她意識到自己該有新的應對辦法才行。

但學習爲自己挺身而出就意味著揭開瘡疤，喚醒所有她用不吃東西壓下去的痛苦。我總是建議患者要在醫生的監督下，重新開始吃東西，或是接受專門的住院或門診療程。當她重新開始吃東西的時候，她試圖置之不理的創傷和感受全都洶湧而至。童年遭到性侵、冷漠疏離的母親對她不屑一顧、雙親用毒打來懲罰她，更惡劣的是無視她、不跟她講話、當她不存在似的。重啓過去，感受那份恐懼與痛苦，令她招架不住，只能每次消化一點點。她會讓自己去感受，痛完了又讓自己挨餓；然後再感受、再挨餓……這個過程勾起她對被遺棄的深切恐懼。

「如果有一個人讓我覺得他在乎我、看見我、聽見我、接納眞實的我，我就會黏著這個人不放。」蜜雪兒說：「小時候，這個帶給我安全感的人是一位老師，年紀大一點之後是一位教授，再來則是我的治療師。焦慮不安的我總有一個依附的對象。照理說，身爲一個四十好幾的成年人，我知道自己安全無虞、有人關心，但我還是常常回到當初那個八歲女孩的感覺，深怕失去愛，害怕自己會做錯什麼事，導致別人不再在乎我。」

切記，「你」是唯一一個永遠也不會失去的人。可以向外尋求他人對你的珍惜，也可以學會珍惜自己。

開始治療三年後，蜜雪兒有了顯見的進步。她吃健康的食物、健康的分量，不再過度運動，能夠告訴老公爲什麼他的話很傷人，並用正念的技巧，舒緩身體的恐懼反應。她繼續下功夫化解內心的羞恥感。她的羞恥感以三種傷人的思考模式顯現出來：「都是我的錯」「我不配」和「情況本來還可能更糟」。

她告訴我：「我老是在想：『當初我爲什麼不換個做法呢？』理智上，我知道過去發生在自身的事不是我的錯，但在內心深處，還是很難相信自己沒有責任。」

如果想主導自己的思考模式，首先要做的是檢視自己的念頭，接著判斷：這個念頭是在給我力量，還是在殘害我？在說任何一句話之前（尤其是對自己），先自問：「這是一句善意的好話嗎？」

蜜雪兒的童年在她八歲受到性侵和虐待時結束了，這個年齡也是前額葉逐漸成熟、開始理性思考的時期。我們想要了解身邊的人事物，但有些事卻永遠也不明白。有時候，面對完全不受控制、非我們所致或不是自己選擇的事情時，我們會為了獲得控制感而形成了罪惡感。

「別再試圖為受虐找理由了。」我說：「開始練習善待自己，選一個妳要遵循的方向。」

「啊，善待自己。」她低聲失笑道：「我總是自然而然地善待別人，但卻很難善待自己。我多多少少自認不配得到善待。我不太相信自己可以幸福快樂。」

「妳可以說：『以前我不懂善待自己。』然後重新掌控妳的思考模式。妳只需要兩個字：准許。『我准許自己快樂起來。』」

她不禁潸然淚下。

「親愛的，拿回妳的掌控權。」

但她卻轉而淡化問題的嚴重性，告訴自己「情況本來還可能更糟」。雖然爸媽拿船槳打她，但至少沒拿菸燙她的手臂——她會這麼安慰自己。

我叫她擺脫「應該」，讓自我對話更具善意一點。「傾聽妳對自己的說話方式。」我說：「承認妳受傷了。然後，選擇妳要放下什麼，又要補充什麼。妳習慣淡化痛苦，而且老想把自己縮得更小。現在，請妳建立新的習慣，用善意取代羞愧，務必讓妳的自我對話充滿『我是』『我能』『我會』『我可以』！」

．愛自己是完整、健康和快樂唯一的基礎．

愛上自己吧！那不叫自戀。

有一次去中西部巡迴演講時，我受邀和很可愛的一家人共進晚餐。餐點樸實而美味，談話也很愉快，但當我稱讚他們家的女兒時，媽媽卻在餐桌下伸腳踢我。後來喝咖啡吃甜點時，她悄聲對我說：「請不要把她誇上天了，免得她長大變成自以爲是的人。」不管是對孩子或對自己，爲了保持謙虛，我們甘冒自貶的風險，凸顯自己的不足。是時候親親自己的手說：「眞有你的！你很棒！」

愛自己是完整、健康和快樂唯一的基礎，一旦開始修復自己，將發現的不是新的自我，而是眞實的你，那個一直都在、始終很美、生來就有愛與喜悅的你。

§解開內疚與羞恥之鑰

一、**你做到了：**如果老是怨恨或批評自己的某部分，請想像你變得很小很小，小到可以爬進自己的身體裡，向每一個器官、每一個部位打招呼。如果你覺得一切都是你的錯，請輕輕抱住心臟，給受傷的地方一個擁抱，然後用愛自己取代創傷。告訴自己：「對，我做錯了，但那並不代表我就是一個壞人。我的所作所為不等於我這個人，我很好。」如果那份創傷依舊活在身體裡，請擁抱它，因為你撐過來了。你還在，你做到了。自從戰時傷到背脊以來，我的呼吸就很短促，所以我喜歡鑽進自己的身體裡，跟我的肺臟打個招呼，問候一下我的呼吸。請找出你的脆弱之處，徹頭徹尾地愛它一遍。

二、**你所著重的焦點會越放越大：**找一天聆聽自我對話，對話內容是否充滿「我應該」「我不該」和「是這樣沒錯，但……」？你是不是對自己說「都是我的錯」「我不配」或「情況本來還可能更糟」？把這些自責或慚愧的訊息換掉，每天練習充滿愛與善意的自我對話。早上一醒來就走到鏡子前，深情款款地看著自己說：「我很強，我很善良，我是一個有力量的人。」接著，親親兩隻手的手背，笑著對鏡中的自己說：「我愛你。」

第六章

沒發生的事——懸而未解的哀痛之牢

一天，接連有兩位女病患來看我。第一位的女兒得了血友病，她剛從醫院過來，對著我哭了整整一小時，看孩子受苦讓她心如刀割。第二位患者則是從鄉村俱樂部過來，她也哭了一小時，因爲她新買的凱迪拉克剛送到，顏色不是她要的那種黃色。表面上，第二位患者看似反應過度，這種事沒什麼好哭的，但在小小的失望背後常隱藏著更大的哀痛。她的失落感和凱迪拉克無關，而是跟她和丈夫、兒子的感情有關。令她悲憤交加的點在於那不是她想給家人的東西，她的一片心意被糟蹋了。

這兩個美麗的女人讓我想起「人生不如意事十之八九」，這是普世共通的經驗，也是我在工作上的一大主軸。多數人之所以心裡苦，是因爲沒有得到想要的東西，或者得到的不是想要的東西。

所有心理治療都是在做哀悼的工作，那是一種面對不如意的過程——你期待的是這個、得到的卻是那個，人生給你的既出乎意料也不合期待。這是多數士兵在戰場經歷的縮影。在我的職業生涯中，我和許多退役士兵工作過，他們常常口徑一致地說自己被送到一個毫無心理準備的地方，事前聽說的是一回事，眞的到了那裡卻發現是另一回事。

後悔是對改變過去的奢望。

人往往不是爲已發生的事情哀悼，而是爲了沒發生的事。瑪麗安妮第一次參加高中舞會時，穿了一襲華麗的橘色絲質禮服。出門前，畢拉對她說：「好好玩，親愛的。妳媽在妳這個年紀可是關在集中營裡，而且她的爸媽都死了。」我氣得說不出話來。那時，孩子已經知道我是大屠殺倖存者，但他怎麼敢把過去的負荷加諸在寶貝女兒身上？他怎麼敢拿一件與她無關的事毀了她的夜晚？這完全不公平。他這麼做實在有欠妥當。但我之所以這麼不高興，也因爲他說的對。我不曾穿上一襲橘色絲質禮服去跳舞，希特勒打亂了我和其他數百萬人的人生。

當我淡化或否定自己的痛苦，我就是一個囚徒和受害者。當我緊抱著後悔不放，我也是一個囚徒和受害者。當我們不能承認自己的無能爲力，不能承認事情已經發生了、我們什麼也改變不了，後悔之情便油然而生。

．人生不是失物招領．

我的母親在她九歲時驟然喪母。一天早上，她起床發現睡在旁邊的媽媽早已斷氣，她的身體在夜裡已經變得相當冰冷。他們當天就把她埋了，沒有爲她哀悼的時間，就我記憶所及，母親一直在與懸而未解的哀痛纏鬥。看著喪妻後借酒澆愁的父親，她立刻負起照顧弟弟妹妹和爲全家做飯的責任。到她結婚生子時，哀痛已經結成硬殼，早年喪母的震驚和悲痛像個牢籠，把她牢牢關在裡面。母親在鋼琴上方的牆壁上掛了一張祖母的畫像，一邊做家事，一邊跟畫像說話，我印象中，二姊克拉拉練習小提琴時，母親會懇求祖母保佑克拉拉。她的哀痛就像第四個小孩，需要不斷照料。不管是傷心、憤怒，還是無力，將喪親之痛的各種面向感受一遍是好事，但我母親困在那裡了。

當我們懷著懸而未解的哀痛時，往往也活在排山倒海的憤怒之下。

羅娜有一個酒鬼哥哥。一天夜裡，他外出散步時被車撞死了。一年後，她還是很難接受哥哥離世了。「我跟他說過多少次別再喝了！」她說：「為什麼不聽？他應該要幫我一起照顧老媽。他怎麼能這麼自私？」即使家人盡全力勸他，哥哥還是喝個不停，死的時候就是喝得醉茫茫的。這一切她都無法改變，而我們很難接受自己的無能為力。

我孫子還小時，一天下午，有個同學騎腳踏車衝到一輛車前面，車禍身亡了。校方請瑪麗安妮去和他班上的同學聊一聊，幫助他們消化失去同學的複雜感受。認識的人過世迫使我們面對生命的有限與脆弱，瑪麗安妮準備處理同學們的悲痛與恐懼，但大家對這件悲劇普遍的反應卻不是悲痛，而是內疚。「早知道我就對他好一點。」他們說：「他可以來我家玩，而不是一個人在外面騎腳踏車，但我從沒想過要邀他來玩。」同學們細數著自己本來可以防患於未然的辦法，透過追究責任尋求控制權，但只要繼續自責下去，他們就是在迴避內心的悲痛。

我們但願能有控制權，但偏偏就是沒有。化解悲痛一方面意味著免除自己的責任，那些事情本來就由不得我們；一方面意味著接受既定的選擇，我們已經做的選擇無法重來。

瑪麗安妮幫助班上同學指出他們無法控制的決定：在那天騎腳踏車出去、走哪條路、從路邊騎到馬路上時有沒有注意……都是那個男孩的決定。那輛車的駕駛開到十字路口時有沒有注意，則是那位駕駛的決定。針對確實是由孩子們作主的決定，瑪麗安妮也幫助他們面對後悔的心情：沒邀那個男孩到家裡過夜或參加慶生會、那些嘲笑他的話語、當他被捉弄時，在旁邊笑或默不作聲。這是我們現在能做的事：爲已經發生或沒有發生的事情哀悼，承認自己有做或沒做什麼，並選擇事到如今要作何反應。就算檢討他們傷害、排擠別人的行爲，那位同學也不會回來。但他們可以把握機會，未來更注意自己的言行舉止，表現出更大的善意與同理心。

人很難活在當下，很難接受過去和現在的一切，然後繼續前進。二十年來，我的病患蘇蘇每年到了他兒子的忌日就會來看我。他二十五歲時用她收在床邊桌裡的槍自戕，截至目前爲止，他逝去的時間就快跟他活著的時間一樣長了，但她的傷口還沒癒合，有時還是陷在毫不寬貸的自責漩渦裡。「我爲什麼要有那把槍呢？爲什麼不把槍藏好？爲什麼讓他找到槍呢？爲什麼沒有察覺到他的憂鬱和苦惱呢？」她似乎就是不能原諒自己。

當然，她但願他沒死就好了。她渴望抹除大大小小一切置他於死地的因素，但兒子自殺不是因爲她有一把槍，他不是因爲任何她有做或沒做的事自我了結。但只要她繼續內疚下去，就不必承認他已死的事實，只要可以怪罪於自己，就不必接受他做出的選擇。如果他看到她現在受的折磨，可能會說：「媽，反正我都會自殺，但我不想看到妳跟著我一起死去。」

繼續爲逝者哭泣、感受那份心痛，讓自己沉浸在悲傷中，接受這份悲傷永遠不會消失的事實，沒什麼不好的。我曾受邀和一個互助團體談話，成員是爲子女哀悼的父母，他們分享回憶與照片，陪在彼此身邊，一起掉眼淚。這份同悲共泣的交流與支持，在我眼裡是很美的一幕。我也注意到可以用一些方法，引導他們在哀痛中迎向更大的自由。舉例而言，聚會一開始，他們先圍成一圈，介紹自己和逝去的孩子。一位家長說：「我失去了女兒，她自殺身亡了。」另一位家長說：「我失去了兒子，當時他才兩歲。」在敘述自己的傷心往事時，每一位家長都用了「失去」這個動詞。

「但人生不是失物招領。」我告訴他們。人生是慶祝心愛之人來到我們身邊——有時是短短幾天，有時是長達數十年。人生是放手，是承認共存於這一刻的悲傷與喜悅，並擁抱這一切。

當父母的常說：「爲了孩子，我連死都願意。」在哀悼互助團體中，我聽過幾位家長表明願意用自己的命換孩子活下去。戰後，我也有一樣的感覺，如果我死了可以讓父母和祖父母回來，那我樂意之至。但現在我知道，我可以爲逝者活，而不是爲他們死，也爲兒孫和曾孫而活，爲所有依然健在的親人而活。

如果不能從內疚中走出來，與哀痛和解，不只對在世的人很傷，也辜負了逝去的人。我們必須讓塵歸塵、土歸土，不再一遍又一遍把逝者挖出來。**放手讓他們走，讓自己活出最好的人生。如此一來，逝者才能安息。**

・一份名叫「放手」的禮物・

索菲雅正處於哀悼過程的關鍵時期。

她母親生前是一位活力四射的老師和著名的心理學家，五十五歲拿到碩士學位（跟我一樣！）成爲維克多・弗蘭克「意義治療」的合格治療師（跟我一樣！）。

意義治療是一套指導患者發現人生意義的理論與方法，她到了七十歲還在工作，而且在開始背痛時才剛出了第一本書。她的身體向來硬朗，就索菲雅記憶所及，她甚至沒得過感冒，但突然間，她因爲背痛得厲害進而不肯吃東西，也對家族活動和社交場合興趣缺缺。她看了一位專科醫生，沒找到什麼問題。接著看遍各科醫生，想找出背痛的根源，最後在肝膽腸胃科的檢查之下，醫生診斷出她是胰臟癌第四期。一個月後，她就病逝了。

一年來，索菲雅對母親思念不已，想到就哭。時間淡化了一開始的震驚和心碎，母親的死感覺不再像是剛發生的事，也沒那麼痛徹心扉了。但她處於一個岌岌可危的境地，正面臨選擇療傷止痛或停滯不前的十字路口。療傷止痛不代表克服傷痛，但確實代表我們能夠在受傷後好起來，重新變得完整，人生儘管缺了一角，還是能找到幸福與滿足。

「她死得那麼突然。」索菲雅告訴我：「沒有時間做準備，而且我有好多的後悔。」

「妳內疚嗎？妳覺得有什麼本來能做卻沒做的事嗎？」

「有。」她說：「我媽身體那麼硬朗，從沒想過她就快死了，我怪她不吃東西，但我的出發點是爲她好，若知道她來日無多，我就不會那樣對她了。」她被兩個字囚禁了：要是。「要是我知道她快死了呢？」「要是我知道自己就快失去她了呢？」但「要是」不會給予力量，只會消磨我們而已。

我告訴索菲雅：「今天，妳可以說『早知如此，我就不會那樣了。』說完這句話，妳的內疚就到此爲止。接下來，要扭轉那份罪惡感，因爲這是妳欠媽媽的。告訴自己『昨日的我已成過去，現在要開始珍惜沒人拿得走的回憶。』妳當了她三十四年的女兒，不會再有一個像她那樣的媽媽，也不會再有一個像她那樣的治療師。所以，珍惜曾經的她，珍惜妳們曾擁有的時光，不要再浪費一分鐘在內疚上，因爲從中不會生出愛來，永遠也不會。」

內疚讓我們沒辦法回味美好的回憶，也使我們無法好好活在現在。

「活在內疚中，妳就會成爲樂趣與親密的絕緣體。」我告訴索菲雅：「而且，妳會爲美好的事物蒙上一層陰影。在醫院幫媽媽吹頭髮，讓她在最後的日子裡活得高雅又漂亮，這本來是一件美好的事情。她走得很快，沒有年復一年倒臥病榻，落得無法控制生理功能的地步，這本來是上天的恩賜。」

有時候，如果笑得太多，可能會覺得自己背叛了逝者；如果玩得太開心，就像是拋棄了他們；如果過得幸福，就代表忘記他們了。「但妳本該和先生幸福共舞，而不是坐在家裡爲媽媽痛哭流涕。」我說：「所以，把腦袋裡討伐妳的聲音趕出去吧——趕走那些『本來應該』『本來可以』『爲什麼我當初沒有』。內疚的妳不自由，如果媽媽現在就坐在身旁，她會希望妳怎麼樣呢？

「她會希望姊姊們和我過得幸福快樂，活出充實滿足的人生。」

「妳可以把這份禮物送給她。活得充實、活得滿足、慶祝生命，妳還有大好人生等在前頭。所以，回到妳的姊姊和丈夫身邊吧，彼此相親相愛。到妳九十二歲時，不妨想想我，想想妳的人生如何在親愛的母親過世後重新開始，想想是如何決定要活得充實又滿足，而不是活成一個受害者。妳現在的任務是送她一份禮物，叫『放手』。」

・哀痛總會來敲門・

哀痛有很多層次和味道：傷心、恐懼、解脫、倖存者罪惡感、對存在的質疑、破損的安全感、脆弱無助。我們對世界的整個觀感都被打破重整。常言道「時間是醫治一切創傷的良藥」，但我不認同，時間有沒有療效要看你怎麼使用時間。

哀痛是一帖重新檢視人生順位的邀請函。

人有時會用一成不變來彌補喪親的巨變——照常工作、作息照舊、人際關係也依然如故。但當你失去了重要的親人，一切都不一樣了。哀痛可以是一帖邀請函，邀請我們重新檢視人生順位，再做一次決定，重拾喜悅與目標，重新下定決心成爲最好的自己，擁抱人生爲我們指引新方向。

哀痛總會來敲門——敲你家的門、我家的門、每一戶人家的門。當哀痛來敲門時，丹尼爾不甘願過一成不變的生活，做一樣的事情。他準備改變方向，拿回力量。照他的話說：「人生竟能發生這麼沉痛的悲劇，痛得你必須在『保持一樣』和『變得更好』之間做出選擇。」他的沉痛悲劇最開始是一則戀愛故事。十八歲時，他認識了翠西，兩人都是加拿大原住民，大學主修的都是環境科學暨原住民族研究，他們立刻成爲無話不談的好友，一口氣聊了好幾小時，在彼此身邊覺得輕鬆又愉快。

但丹尼爾現在回想起來：「有許多可能應該要聊的東西，我們都沒聊過。」

他們結婚時，丹尼爾二十五歲。長子喬瑟夫出生時，丹尼爾三十歲。他們穿越國土搬到翠西的家鄉，情況就在這時開始不對勁了。她在學業和專業上本來發展得好好的——完成了碩士學位，開始攻讀博士學位，還是位受到尊敬的環境專家及搶手的顧問。但回到老家後，凸顯出她一開始離家的原因：地方上猖獗的酗酒風氣、吸毒、施暴和死亡等問題。那時，丹尼爾還不知道翠西已重回受虐悲劇的陰影之下，她忽然開始借酒澆愁，脾氣一觸即發。喬瑟夫兩歲時，她和丹尼爾就分居了。

他們盡量相敬如賓，合力照顧喬瑟夫，共同享有監護權，不在兒子面前爭吵。但翠西的人生越來越失序，她的駕照被吊銷了，丹尼爾猜是因爲酒駕的緣故。有幾次，他將喬瑟夫交給翠西時，隱約覺得不安，閃過她有可能已經嗑藥的念頭。他把顧慮攤開來跟她談，她說她在處理棘手的個人問題，但一切都在控制之中。

有一次，出於對她的關心，丹尼爾把喬瑟夫留在家給保母照顧，自己去找她。他在一個親戚家裡找到宿醉未醒的她，她醒來後看似心情很亂。他們坐在床上，她哭著說出十二歲時被親人性侵的事，十八歲時，她爲這件事質問過她的父母，結果母親緊閉雙脣一語不發，父親則反過來怪她不檢點。丹尼爾聽了很震驚，他知道她小時候過得很苦，和兄弟姊妹都曾被家暴，但不知道性侵的事。這有助於了解她心裡的傷，但也激起新的憂慮，他告訴她：「從現在開始，我不能讓喬瑟夫待在曾對小孩做出這種事的人身邊。所以，這是新的規矩：除非把這件事攤開來談清楚，否則不准和妳父母有所接觸。」她同意了。但一個月之後，她卻訴請離婚。一年後，她把兒子交給父親照顧，丹尼爾發現後跟她對簿公堂，爭取到完全監護權。

丹尼爾帶著翠西的祝福，搬到離他自己家較近的地方。他計畫讓翠西也搬走，住得離喬瑟夫近一點，遠離原生家庭的混亂、虐待與上癮問題。在這段過渡期間，丹尼爾會定期載喬瑟夫去看她，她有時也會過來看他們。她看起來活像一個幽靈，兩眼掛著深深的黑眼圈，身體有氣無力卻又顯得躁動。但當丹尼爾表達關切時，她什麼也不肯說，只是眼神空洞地繃著臉。

後來她就失蹤了。沒人知道她是哪一天失蹤的，有人說她一直和一個藥頭在一起。喬瑟夫最後一次見到媽媽是他五歲的時候。

「我很震驚，想都想不透。」丹尼爾告訴我：「她是一位很有成就的女性，地方鄰里向她尋求環境領域的專業協助。我認識的翠西一直是一個很棒的人，現在回想起來，我覺得所有問題都被隱藏起來，不曾處理、正視過。」

他本來就已經在哀悼了——爲失去最好的朋友和人生伴侶、已逝的婚姻和失去兒子的共同監護人哀悼，但現在那份哀痛更加絕對，而且蒙上不祥的預感。翠西突然不見，永遠找不回來了，沒人知道爲什麼，她已成爲美國和加拿大無數失蹤遇害的原住民女性之一。在美國和加拿大，原住民女性遭到殺害的比率是全國平均值的十倍。

丹尼爾覺得自己像在旋轉門中狂轉，滿腦子想著愧對她的地方——他說的每一句傷人的話、做的每一件傷人的事，每一個他也有分的傷害，錯過了解她的機會。她在世界上一定覺得孤單無依、格格不入，但他卻不曾了解她的感受。他很訝異翠西的失蹤也喚醒自己的陳年舊傷，連他都不知道這些爛在心裡的傷害沒有痊癒——

小時候他不了解或不接納自己的地方，在學校受到的種族歧視，痛恨自己、想自我了結的那段歲月。大人教他堅強，要脫離和關閉個人感受，僞裝成抬頭挺胸向前走的模樣。現在也是一樣，旁人出於好意要他堅強起來。這些話或許有道理，「但不能幫你把內心的痛苦和混亂拿掉。」他說。

喪妻之痛一把將他推倒，三年來，就這樣倒地不起。「我照常工作、生活、笑。」他說：「但很多時候，我都是行屍走肉的狀態。」如果受了什麼刺激，惡劣的感受會持續幾天或幾星期之久。他自知往後的人生都要與憂鬱爲伍，再也快樂不起來了。事已至此，他也認了，但他自己認了就算了，他沒辦法接受兒子也不快樂。他對喬瑟夫的愛是獲得解救的恩典，是促成改變的催化劑。

爲了帶領兒子走出傷痛，丹尼爾開始閱讀喪親之痛的相關資料。閱讀開啓了談話，他開始接受心理治療，在處理自身的悲痛時，也發現新的志向，完成了悲傷治療的合格認證課程，想像自己想要的人生，堅信願望會成眞，即使不知道要怎麼做。

現在，丹尼爾爲兒童與家庭服務機構工作，也在公立學校帶領男孩子的悲傷互助團體，輔導受喪親之痛困擾的兒童與青少年，其中許多孩子從二、三歲起就接受輔導。他說處理喪親之痛的工作，有很大一部分是靜下來，給孩子一個空間。有時候，他就和這些男孩散散步、到戶外生營火，或在麥當勞裡靜靜坐著。

「這份工作讓我不斷練習。」他說：「幫助別人穿越自己曾走過的森林時，我也總是在反思和療癒內心的傷，心裡記掛著翠西，保持對當下的覺知，知道自己人在哪裡、過得怎麼樣。」

在我的經驗裡，喪親之痛要不拆散我們，要不就是將我們凝聚在一起。無論如何，情況都再也不一樣了。丹尼爾是一個美好的例子，他讓我們看見哀痛是有可能帶領自己朝積極正面的方向前進。而且，他的故事提醒我們：**痛失所愛之後，不是哀悼一次就完了**。喪親之痛永遠都會在人生和每段關係裡。隨著喬瑟夫長大成熟，丹尼爾要重新思考如何和他聊媽媽的事，永遠都會有無解的問題存在。

‧不要著眼於失去的，而是專注在還剩下什麼‧

有些事你永遠不會明白。

「為什麼」的原因那麼多——為什麼發生了這件事或那件事、為什麼是這樣不是那樣、我們為什麼在這裡、為什麼那麼做……喪親之痛迫使我們釐清什麼事歸自己管、什麼事歸對方管、什麼事歸老天爺管。

當奧斯威辛集中營的卡波❶指著火葬場升起的濃煙說：「你們可以開始用過去式

聊你們的媽媽了，她已經死了。」大姊瑪格達告訴我：「精神不死。」瑪格達說得對。每當我去學校演講時都是出於對雙親的愛。透過演講，我可以讓他們的回憶活下去，並以過去做爲借鏡，以免歷史重演。而且，我會跟父母說話，不是像我母親對她母親呼救那種淒涼的說話法，而是在我心裡開闢一塊田地，讓他們的精神在那裡活下去，我呼喚他們來看我的人生是多麼豐富、充實。

我遺傳了家父對時尚和訂製服的品味，每一次盛裝打扮時，我都會跟他說：「爸爸，看啊！你總說我是全城穿得最好看的女孩。」當我把自己打理好，感到滿足與得意時，都是舉行一次又一次向家父致敬的儀式。

對於家母，我則致上謝意。謝謝她的智慧，她教我找到內在的力量，甚至屢次告訴我：「幸好妳頭腦聰明，因爲妳是別想靠外表了。」謝謝妳努力照顧妳那哀痛逾恆、借酒澆愁的父親，謝謝妳操持起妳的家和我們的家，謝謝妳啓發我去挖掘自己的內在資源。我愛妳，我永遠不會忘記妳。

哀悼很難，但悼念一個人的感覺也很好。你可以重訪過去，甚至擁抱它。你可以接受過去有發生和沒發生的一切，不要著眼於失去的，而是專注在還剩下什麼——你還剩下把每一刻都當成禮物來活的選擇，還剩下擁抱現有一切的選擇。

§解開懸而未解的哀痛之鑰

一、**塵歸塵、土歸土：**喪親之痛會改變，但不會消失，否認這份哀痛不會對療傷有幫助，耗費在逝者身上的時間比在生者身上多，也不會對療傷有幫助。如果你愛的人過世了，不妨每天給自己三十分鐘，向這個人和那份哀痛致敬。拿一把想像的鑰匙，打開你的心鎖，釋放悲傷，哭也好，叫也好，聽音樂、看照片、讀舊信，睹物思人也好，表達你的哀痛，與它共處。三十分鐘過後，將你心愛的人好好收進心裡，回去過日子。

二、**精神不死：**哀痛有可能引領我們走向正面積極的方向，通往一段更喜悅、有意義和目標的人生。和逝去的親人說說話，訴說你的感謝、珍惜的回憶、對方教給你的技能、這個人為人生帶來的禮物。接下來問：「你希望我怎麼樣？」

❶指選擇欺壓同胞，在集中營裡監管犯人的猶太人。

第七章

沒什麼好證明的——僵化思維之牢

一對夫妻表明他們從不吵架，我說：「那你們就也不親近了。」

衝突是人性。迴避衝突其實是在向蠻橫霸道靠近，而不是向和平共處靠近。衝突本身不是牢籠，把人困住的是常用來應付衝突的僵化思維。鑄成僵化思維之牢的鐵條可能很難辨認，因爲它們往往鍍上了一層好意。來找我做心理治療的人，有很多是想改善人際關係——找到更好的方式和伴侶或孩子溝通，彼此之間可以更和諧、親近，但我常發現，他們不是來找我學習解決衝突的，而是要我幫忙說服別人認同他們的觀點，如果你懷著這種用意而來，你就不是自由的。自由是當你擁抱「選擇自己要作何回應」的力量。

我的患者總說：「我要他/她……」但你不能要別人怎麼做，只能找出什麼對你來講才是對的。

處理衝突最重要的一件事，就是不再否認別人眞實的想法。我很愛吃牛舌三明治，但我朋友說：「妳怎麼能吃下那種東西？我光用想的就要吐了。」所以，誰是對的？對他來講，他是對的，對我來講，我是對的。你不必認同，不必放棄自己眞實的想法——拜託你永遠不要那麼做！因爲自由來自於放下堅持對錯的需求。

戰後過了數十年，我體認到必須返回集中營面對過去，好爲自己療傷，我邀大姊瑪格達一同前往，當初還是囚犯時，我們兩個相依爲命，是彼此活下去的理由。

我想和她一起回到雙親遇害的地方，面對過去發生的事，悼念逝者，置身於恐懼與死亡之地，對彼此說：「我們做到了！」但她覺得我有毛病。誰會自願返回地獄？我的大姊是這世上唯一一個和我共度那麼多經歷的人，我之所以能倖存下來都要歸功於她，但對於共有的經歷，她卻有截然不同的反應，然而我們之間並沒有誰對誰錯，我們兩個都是人，既美麗又會犯錯，不多也不少，而且，我們兩個都是對的。最後我一個人重訪奧斯威辛集中營。

我認爲耶穌要世人「把另一邊臉轉過去」❶就是這個意思。當你把臉轉過去，你就能從新的角度看同一件事。你不能改變情況，也無法改變別人的想法，但可以有不同的眼光。你可以接納、融合多元的觀點，這種彈性就是我們的力量，它讓我們有主見——既不強悍也不懦弱，亦不是被動式攻擊。強悍是代替別人做主，懦弱是讓別人爲我們做主，被動式攻擊是阻止別人爲他們做主，有主見則是說出自己的主張。當我想重返學校念書時，我很怕畢拉有意見，怕他會怨我在家的時間變少了，怕他不喜歡我們被介紹成「伊格醫生和伊格先生」。但當你是一個完整又獨立自主的大人，就不需要請求別人的准許。所以，不要把你的人生交到別人手裡，只要說

---

❶出自於《馬太福音》，原句為：「如果有人打你右臉，把另一邊臉也轉過去給他打。」

出你的主張：「我決定回學校攻讀博士學位了。」給別人需要的訊息和自由，讓他們對自己的渴求、希望和恐懼有主見。要想在衝突中保有自由，關鍵在於堅守自己眞實的想法，同時放棄對權力與控制的需求。

．放下想證明自己的執著．

譴責不會使人長大。

看見客觀的事實，跳脫主觀之見，對化解衝突也會有幫助。有一位患者和他青春期的女兒衝突不斷，在一次會談中，這對父女為了女兒能不能用車而大吵一架。女兒對他發飆，用了不堪入耳的字眼罵他。他要我評評理，聽聽女兒都說了些什麼，站在他這邊判她有罪。但當我們抱怨起別人時，我們沒給自己力量，也沒給別人力量，所以，省省吧，別譴責了，永遠不要。收起譴責是為了別人，更是為了自己。如此一來，我們才有免於不實期望的自由，也就免除了隨著期望落空而來的憤怒。對於誰能惹我生氣，我可是很挑的，因爲當我生氣時，受到情緒折磨的可是自己。

不健康的衝突和「比較好/比較差」的思維模式密不可分。一年夏天，畢拉和我在歐洲各地旅行，發現波修瓦芭蕾舞團要到巴黎公演，剛好那時我們也會在巴黎。

我一直很想看他們表演，畢拉買了一張票給我，載我到戲院，但不肯走進去。我以爲是錢的問題——他不想再多花一張票的錢。中場休息時間，看表演看得很陶醉的我走出表演廳，慫恿他進來看下半場。「裡面還有空位。」我說：「買張票跟我一起欣賞他們的演出吧！」但他不肯進去。「我不要付錢給俄國人。」他說：「共產黨在捷克斯洛伐克對我做過那種事以後，他們休想從我這裡賺走一分錢。」他認爲這是可以用來報復的手段，他要用這種方式爲自己受到的酷刑與囚禁報仇。我和他爭辯了一下，勸他重新考慮：「這些藝術家和發生在你身上的事無關。」但我當然不能改變他的心意。我回到表演廳，獨自欣賞剩下的表演。一方面，他不能放下成見和憤怒，和我一起欣賞美得令人屏息的畫面，眞的很可惜，但另一方面，我也不能說我的做法比較好，畢拉的做法對他來講比較好。

許多人活著總彷彿要證明什麼。我們可能執著於擁有最終決定權，非吵贏別人不可。但如果試圖要證明自己是對的或好的，就是嘗試把自己變成一種不存在的東西。是人都有缺點也都會犯錯，你不是罪不可赦，但也不是聖人，**不需要證明自己的價值，可以擁抱你的不完美就好，全然接納自己，**慶幸這世上永遠不會有另一個你，放下想證明自己的執著。若有什麼要證明，你就仍然是個囚徒。即使在面對他人的惡意或迫害時亦然。

我朋友的女兒從幼稚園氣呼呼地回到家，因爲同學叫她「大便臉」。朋友問我要如何協助女兒處理衝突。有一件事很重要：放棄捍衛自己的需求。我們都有可能面臨霸凌，但如果有人叫你「大便臉」，別說：「我不是大便臉！」不要爲了一個你沒犯的罪捍衛自己，那只會變成一場角力拉鋸戰，霸凌者拋給你一根繩子，你撿起繩子的另一頭，雙方都拉得筋疲力竭。打架要有兩個人才打得起來，但只要一個人放棄，就能停下來。所以，不要撿起那根繩子，告訴自己：「他說得越多，我就越淡定。」提醒自己，那不是針對你。如果有人叫你「大便臉」，他說的其實是他對自己的看法。

有一次，我在約翰尼斯堡的和平抗爭之家演講，那裡是聖雄甘地生前住過的家，現在則是一座博物館兼靜修中心。他沒有掀起流血衝突，沒有煽動仇恨言論，就成功地讓大英帝國對他屈服。這也是我在集中營存活下來的方法之一。我每分每秒都被言語侮辱包圍——「妳一文不值、骯髒齷齪。」「妳離開這裡唯一的辦法就是變成一具屍體。」但我不會讓這些惡言惡語往心裡去，我認爲納粹才是囚徒，能有這一層體認是我的福分，而我第一次體認到這一點，就是爲約瑟夫·門格勒獻舞的那一晚，我的身體困在死亡集中營裡，但精神是自由的，雖然我深怕遭到殺害，但我仍有一座「內在避難所」，力量和自由存於一心。

・放下對控制的需求最好的辦法，就是變得強大・

喬伊是解開僵化思維的好榜樣。她和一個家暴男結婚多年，他蔑視她、待她如糞土，在言語和金錢上傷害她，不時拿槍抵住她的腦袋威脅她，而她靠寫日記撐過去。她詳實記錄他們的互動，寫下各自說過的話、做過的事，逐日書寫眞相——這是她爲保持神智正常所做的努力。

每當我面對身陷受虐關係的患者時，我總說只要對方打了你，請你立刻離開，去緊急庇護中心、跟朋友或親戚住，帶著孩子離家向外尋求幫助。要是你第一次不離開，施暴者就會覺得這沒什麼大不了，致使你每次受虐後更難離開。你待得越久，對方通常會越暴力，虐待的心理也會越難扭轉——施暴者讓你相信不能沒有他，沒了他，你就什麼也不是，你會被揍都是自己的錯。每待一分鐘，就是置自己於傷害之中。但你是這麼珍貴，不該受到傷害！

當對方打了你，就該立刻清醒過來，瞬間認清自己面對的是什麼。離開並不容易，但只要警覺對方施暴的能力和傾向，問題就解決了一半。如果是比較抽象的精神虐待，你可能會懷疑自己的判斷：「這算一種虐待嗎？」但如果有人對你造成肢體上的傷害，那情況就很清楚了。「對，這就是一種虐待。」「對，我必須離開。」

身上沒有受虐造成的外傷，喬伊很難離開這段關係。（這是困在虐待角力裡的人另一個共通經驗——怕沒人相信我說的話。而在實際上，受虐者說的話也眞的常常沒人相信。）最後，喬伊體認到先生的威脅遲早會付諸行動。於是他們離婚了，他漸漸酗酒到死。

他死了之後，她心裡燃起熊熊怒火。她始終抱著一線希望，希望他會爲多年來對她那麼壞道歉，承認自己的錯誤，並覺得她的離開是正確的。一旦他死了，她就必須接受自己永遠聽不到一聲道歉的事實。爲了與過去和解，她重讀以前寫的日記。令她震驚不已的是——不是他對她有多壞，而是她對他有多壞。

「我霸凌我老公。」她說：「我一心想著『他在虐待我』，殊不知我也在虐待他，不讓孩子們接近他，處處否定他，把孩子當成報復他的工具，只因我想傷害他。我以爲沒有別的出路，我的眼光無法越過眼前可怕的處境。但在我們的婚姻裡，他不是唯一製造問題的人，我也是。」許多不穩定的關係都很複雜。雖然家庭暴力或虐待沒有藉口可言，但配偶之間往往也沒有好壞對錯之分，雙方都在危害這段關係。

我見到艾莉森時，她都離婚十二年了。前夫尙恩是在她剛結束一段慘烈的戀情不久後，來到她的人生中。之前的戀愛對象打得她嘴唇都裂了，尙恩的出現就像救星降臨，他扮演起照顧者和拉拉隊長的角色，給予安全感，助她展開歌唱生涯，幫她安排巡迴表演、搞定唱片合約，送她去上大師授課的訓練班，安排她和傳奇音樂家一起演出。

儘管對她出手大方、呵護有加，尙恩也有很強的控制欲。艾莉森很依賴他，卻又怨他控制了她的人生。她開始採取報復手段，用餓肚子來爭取控制權。她因爲飲食失調症三度住院，但自我傷害只是越演越烈，當她開始燒傷自己的手和腳時，尙恩絕望了。他一次又一次地出軌，最終結束了他們十八年的婚姻。十多年過後，艾莉森還在跟他對抗——爲他們一起寫的歌爭智慧財產權，爲他引誘她送去尋求專業指導的學生而爭。他們的婚姻早就結束了，但還是困在角力拉鋸的戰局裡，雙方都在做出傷人的決定。

我告訴艾莉森，如果想結束這種敵對狀態，需要探究的不是導致衝突的原因，而是延續衝突的原因。

「妳是如何堅持抱著一個對妳不再有好處的想法？」我問。

艾莉森一心想證明尙恩有罪，而她很無辜。本質上，她在腦袋裡審判他，在內心世界上演著法庭劇，但這是一場沒有勝算的訴訟。

「親愛的，妳可能是對的，但妳還是不快樂。」我告訴她：「那麼，妳想爭一個對錯，還是想過得快樂？」

放下對控制的需求最好的辦法，就是變得強大，強大與蠻力或支配力無關。強大的意思是你有力量控制自己的反應、為人生做主、完全掌握自己的選擇。之所以強大，是因為你沒有把屬於你的力量給別人。如果你拿回了自己的力量還是想爭個對錯，那麼請選擇與人為善吧，因為善良一點總是對的。

．彈性就是力量．

靈活思考不只能改善人際關係，也能改變我們的認知，讓我們對這個世界有不同的眼光和感受。

開始掙脫僵化思維的牢籠之後，艾莉森終於能和前夫劃清界線，並為她的歌唱事業找到新的經紀公司，同時也開始計畫國際巡迴表演，但這時身體卻突然出現兩個問題，打破了好不容易得來的平靜。一來，艾莉森聲音顫抖的症狀很嚴重，她不只很難把歌唱好，歌唱生涯也受到威脅；二來，她的背部受了傷，從事日常活動都會痛。除非把傷治好，否則連做園藝、練瑜伽這些休閒娛樂和自我照顧都別想。她的臉僵硬扭曲，我從她吃力的說話方式中聽得出來她很痛。

「我發展得那麼好，現在卻可能要取消巡迴演出了。」她說。

人生是不公平的。當我們受到傷害時，憤怒、擔心、沮喪都是合情合理的反應，但無論多不愉快或多不公平，都能選擇要以僵化或靈活的態度去面對。我告訴她：「當妳的身體在喊痛時，不要懲罰、埋怨或要求它。請跟它說：『我在聽。』」

艾莉森研究出一套從僵化轉爲靈活的做法。她先從陳述問題開始，不淡化也不否認痛苦或挫折。「我不喜歡這樣。」她說：「又痛又不方便。」接著，不再抗拒或埋怨身體，她開始傾聽與展現好奇。

「妳想告訴我什麼呢？」她問自己的身體：「什麼對我才是最好的？現在怎麼做對我有好處、能給我力量？」

有一段時間，身體給她的答案都一樣：慢下來，休息。於是她聽話休息，最後她的背痛改善了，恢復到能去上復健瑜伽課的地步。重回瑜伽墊上，發現自己現在的動作更輕柔，也更專注，因爲不再滿腦子想逼自己做到，而是更貼近內在的節奏，她對「做對做好」的定義改變了。傷到背部之前，她想證明自己——證明可以維持手臂平衡多久，證明身體轉得過去，現在她不再受到這些期待的囚禁。

不必喜歡自己所面臨的難題或痛苦，但當我們不再反抗或排斥，就能對前方有更多的想像，也有更多精力向前進，而不是原地踏步。喬伊也發現了這件事。她就跟艾莉森一樣，離婚多年還是困在二分法的僵化思維裡：好與壞、對與錯、受害者與加害者。因爲她用這麼黑白分明的絕對眼光看事情，所以賭注總是很高——不能全要，那就不要；不是你死，就是我亡，沒有中間地帶。這會讓任何衝突都感覺像是一種背叛，即使只是小小的意見不合。因爲她的想法很單一，所以喬伊無法忍受任何人反對她的意見。

「他們還不如指著我說『妳很胖』『妳很醜』『妳沒有存在的價値』算了。」她說。當她體認到一層更複雜的事實——在婚姻中，自己也有過錯，她未必都是對的——不可思議的事情發生了。她的眼光似乎有了改變，掙脫了黑白分明的思維，突破她對過去的僵化看法，看到五彩繽紛的顏色，世界彷彿更生動也更精采了。她指著黃色、紅色、紫色、藍色的花朵說：「看哪！看這個！看那個！」她興奮得都快把她的孩子給逼瘋了。

彈性就是力量。我在體操隊受訓時學到了這一點。這就是爲什麼我常常去跳搖擺舞，也是爲什麼我的每一場演講都以一個高踢腿作結。

身體如此，心理亦然。**心理靈活柔軟有彈性，就是一個強大的人**。所以，每天早上起床後伸展一下，活動心靈的筋骨，常保心靈的自由。

§解開僵化思維之鑰

一、**輕輕擁抱真實的自己：**從你目前面臨的人生挑戰中選一個出來，或許是身體上的創傷或病痛，也或許是僵持不下的角力或衝突，又或許是任何讓你感覺受困、受限、受壓抑的情況。從說出真實的想法開始，你不喜歡這件事的什麼地方？這件事給你什麼感覺？接著好奇地問一問：「這種情況是在告訴我什麼？什麼對我才是最好的？現在怎麼做能給我好處和力量？」

二、**看見客觀的事實：**寫下和你起衝突的人的名字，接著寫下你對這個人全部的怨言。舉例而言：我女兒沒禮貌又不知感激。她用惡毒的話罵我，對我很不尊重，完全無視我，也不把門禁當一回事。現在，重寫一份清單，這次要客觀陳述事實，沒有修飾、解讀、評斷或預設。拿掉「總是」「從不」之類極端的措辭。單純陳述事實：我女兒有時會抬高音量口出惡言。每星期會有一次或兩次，她過了晚上十一點才回到家。

三、**要協調，不要支配：**從你陳述的事實中挑一件想和對方談的事出來。找一個戰火平息的談話時機——不要在吵得正凶的時候談。首先，說說你觀察到的情況：「我注意到每星期有一、兩次，妳過了晚上十一點才回家。」接著，關心一下對方的想法，最簡單的問題最有效，例如：「妳怎麼了嗎？」然後，不帶責備或羞辱的意味，說出你要的是什麼：「妳在平日要獲得充足的睡眠，對我來講這很重要。我也想在上床睡覺前確定妳已安全回到家。」最後，邀對方一起想辦法：「妳有沒有什麼兩全其美的解決方案？」衝突沒有立刻解除也沒關係，重點是改用協調的方式處理衝突，以雙方的關係為優先，不是以其中一方對權力與控制的需求為優先。

四、**如其所然地看待別人：**想像一個和你有衝突的人。現在，練習觀想這個人，閉上眼睛想像他被光芒環繞或許有助於你的觀想。把你的手按在胸口說：「我看見你了。」

第八章

你願意和自己結婚嗎？——怨恨的牢籠

親密關係的頭號殺手，就是一點一滴經年累月的氣憤與不滿。

我對畢拉的怨氣憋了好多年。我怨他沒耐性、脾氣差，怨他老是沉溺於過去，怨他不時對兒子流露出失望的眼神。長久的積怨之下，我以為唯一的解脫之道就是跟他離婚。要到我們分道揚鑣之後，孩子們的生活天翻地覆，我們的生活更是亂成一團，才明白我的失望與憤怒跟畢拉無關，一切的一切都跟我有關，跟我未完成的情緒功課和未解決的哀痛有關。

我在婚姻中感到窒息不是畢拉的錯，而是多年來我不願正視內心感受的代價。這些感受有遺憾、恐懼、悲痛——我為母親遺憾，她本來在布達佩斯的一間領事館任職，但為了滿足別人的期望，她放棄了那份獨立又國際化的生活，也放棄了一個她深愛但不准嫁的男人，因為他不是猶太人。我對婚姻恐懼，深怕重蹈父母的覆轍，過著孤單寂寞的婚姻生活。我為初戀艾瑞克悲痛，他不幸命喪於奧斯威辛集中營，同時也為我的父母悲痛。在消化掉這些傷痛之前，我就結了婚、當了媽。突然間，我四十歲了，正是母親過世時的年紀，感覺就彷彿我沒時間活出想要的自由了。但還以為自由就是遠離畢拉的怒吼、嘲諷、急躁和失望，遠離在我看來限制住自己的東西，殊不知要發掘自己眞正的目標和方向，才找得到自由。

人之所以生氣，往往是因為現實和期待有落差。我們總認為是別人困住和激怒自己，但殊不知，不切實際的期待才是眞正的牢籠。我們往往懷著羅密歐與茱麗葉的情懷結婚，對彼此卻沒有眞正的認識，我們只是愛上了戀愛的感覺，或愛上某個自己塑造出來的形象，把所渴望的特質都投射到這個人身上，又或者，從原生家庭學到了一套熟悉的模式，便愛上了某個可以讓我們複製那套模式的人，再或者，呈現出虛假的自己，爲了得到愛和一段安穩的關係，放棄眞實的自己。墜入愛河是一種飄飄然的化學作用，那種感覺無比美妙，而且稍縱即逝，感覺淡掉的時候，只剩下一個失落的夢，我們因爲打從一開始就不曾有過的伴侶或關係而失落，卻不知多少可以挽救的關係就在絕望下遭到了捨棄。

但愛不在於你有什麼感覺，而在於你怎麼做。一開始的熱戀期已經回不去了，還沒生氣、失望、變得疏遠的時期已經回不去了，但還有比熱戀期更好的東西，那就是重生期，重燃愛火、重新開始。

．不需要苦守一個惡劣的處境．

瑪琳娜是一位舞者和表演藝術家。她思考自己的婚姻有沒有可能重獲新生，和老公能不能以健康的方式攜手前進，還是他們終究必須放手讓彼此自由。

她一邊把頭髮紮成一個鬆鬆的髮髻，一邊告訴我：「十八年來，我們天天吵架。」有時場面變得很暴力。她老公不會打她，但他會有洩憤的舉動——把椅子推倒、把電話往牆上摔、掀翻她坐著的那張床。

「我盡量避免待在家。」她說：「因為所有對話都會變成他數落我的不是。」瑪琳娜不敢挺身反抗他，不敢在他大發雷霆時轉身就走。她設法維護自己的尊嚴和雙方的和諧，但她失去了自尊，覺得自己越來越軟弱無力。而且，她很擔心不停的爭吵會影響他們正值青春期的女兒。她不想再這樣下去了，但也不確定要如何另闢蹊徑，不曉得自己有什麼選擇。

每個選擇都有代價，有所得就有所失。可以選擇什麼都不做，繼續保持老樣子，又或者，瑪琳娜也可以改走相反的極端，決定離開這段關係，去打離婚官司。

「妳不需要困在這裡。」我告訴她：「妳不需要苦守一個惡劣的處境。」然而，我也提醒她，離婚可能是另一種繼續什麼也不做的選擇。「妳想從離婚得到什麼？妳會得到一張紙，那張紙上說妳現在是自由之身，可以去跟別人結婚了。」離婚不能解決一段關係中的情緒問題。它只是准許你換個人，歷經一樣的模式而已！無論瑪琳娜決定離開老公或繼續這段婚姻，她要做的功課都一樣：揭開對婚姻的需求與期待，治療她帶進這段關係裡的創傷，否則餘生都將一直帶著這些陰影。

首先，我檢視她的期待。我問：「結婚時，妳知道老公脾氣很火爆嗎？」她猛搖頭說：「他很有魅力。」他是一位成功的演員，懂得如何讓觀衆愛上他。婚前她只看到他迷人、浪漫的一面。「不像現在鞋子滿天飛，東西被他丟來丟去。」我接著問：「那妳爲什麼還守著這段婚姻？」就像我說的，每個行爲都滿足了一種需求。就連把人困住的可怕處境，都可能在某方面對自己有用處。「妳需要經濟上的保障嗎？又或許妳就是需要激烈的爭吵？」

「我怕孤單一個人。」

每個人從小就懷著被拋棄的恐懼，但瑪琳娜描述了她在西歐度過的青春期，聽起來顯然是由於受到父母徹底的忽視，導致她對被拋棄的恐懼更甚一般人。瑪琳娜十四歲時，父親說再也受不了和她母親一起生活，就這麼離開了，之後一次也不曾來看他們，甚至不曾打電話來問候過。瑪琳娜的母親備受打擊，無力應付一家人的需求。於是瑪琳娜開始代替母職，負責哄弟弟妹妹上床睡覺，自己則熬夜烤麵包，準備第二天的餐食。

一年後，柏林圍牆倒塌時，她母親也告訴孩子們一則令人震撼的消息。她透過報紙上的徵友廣告，認識了一位在東德的男士。她要帶著年紀較小的孩子，搬到東德跟他在一起。母親把一份租屋合約交給她，第二天就離開了，過了一年多才打電話回來，瑪琳娜就這樣被丟在西德。

．走進一段關係時，我們都帶著來自兒時的訊息．

在如此艱困的情況下，瑪琳娜居然活了下來，光這一點就大大證明了她的內在力量和韌性。她在租來的房子裡住了幾個月，直到新的房客搬進來。因爲其中一名男房客已爲人父卻想誘姦她，在夜裡拿著一杯酒來到她的房間。於是她毀約不住那裡了。接著她離開學校，過著四處漂泊，不停搬家的日子，住遍西歐各地，身兼多份差事，幫出遠門度假的人顧房子，一度住在一個藝術家共居聚落，還有一次是住在庇護農場上，身心障礙者會來這裡照顧馬匹。她還因此罹患了飲食失調症，認定自己很討人厭，父母才會雙雙棄她而去，心想如果可以讓自己瘦到消失，或許就能讓父母注意到她不見了。瑪琳娜十六歲時，本身也有酒癮的庇護農場主人把她趕了出去。她兩手各拎一個皮箱站在大街上，無家可歸，孤單無依。絕望之餘，她只能打電話懇求母親的幫助，但母親卻拒絕了她的請求。

「從那一刻起，我知道自己在這世上眞的是舉目無親了。」瑪琳娜說。

爲了找尋更好的工作機會，她在二十出頭的年紀移居柏林，並透過人脈，開始在一個表演團體裡受訓，住在訓練學校後院的舊拖車裡。那段日子並不容易，她在嚴格的訓練中熬過柏林的寒冬，但新生活很適合她，跳舞之際，她覺得自己相當強大且自由，不再跟自己的身體過不去。她發現了熱情和目標所在：舞動身體的喜悅，肢體律動和表達的力量。

她愛上了另一位表演者。他在冷戰期間的東德長大。對他來講，要流露自己的情感、把愛表現出來是很難的事。「大概就像我父母一樣吧。」瑪琳娜惋惜地說。

兩年後，他們分手，他自殺身亡了。理智上知道他的死不是她的錯，就算他們還在一起，她也救不了他，但他的死還是對她打擊很大。「事後過了一、兩星期才有人發現他的遺體。」她說：「他死得那麼孤單。」

走進一段關係時，我們都帶著來自兒時的訊息。有時是從某個人口中聽來的一句俗話，例如我母親曾說：「嫁錯人好過嫁不出去。」有時是從別人的行爲或家庭環境得來的訊息。

我告訴瑪琳娜：「親愛的，我聽到妳心裡隱藏的訊息了——如果妳愛上一個人，這個人就會離開妳。」她頓時熱淚盈眶地伸手抱住自己，彷彿房間突然變冷了似的。

當我們困在心牢之中，揮之不去的是那些有害的訊息。「可是我也從妳的故事中聽到了另一個訊息。」我告訴她：「那就是『妳是一個有力量的女人』。妳曾經是個那麼孤單、害怕的小女孩，有好多次都可能沒命，但卻活了下來。瞧瞧現在的妳，已脫胎換骨、浴火重生。現在的妳很好。」

瑪琳娜認爲自己不値得人愛，基於這種心態，又選擇了加強這種心態的伴侶和行爲模式。我在軍人的婚姻中常看到這種現象，當你遲早都要被派駐出去或轉移營地，隨時準備從零開始新生活，就很難相信有人會克服距離和種種外力，一心一意守著自己。你害怕分開會帶來的傷害，害怕對方會離開或對你不忠，爲了因應這份恐懼，方法就是避免建立親近的關係。瑪琳娜嫁給一個讓她覺得安全、備受寵愛的男人，結果他只是把這段關係當成沙包。他把自己的痛苦帶進這段關係裡，而他的憤怒與責備、用來處理自身情緒問題的辦法，只是強化了瑪琳娜原本就已內化的訊息，亦即：愛上一個人就會受傷和被拋棄。

「或許你們都在用爭吵來對抗親近的關係。」我說：「所以，來看看你們的相處模式吧。」

・跟過去和解・

許多夫妻都會反覆跳著一支「三步舞」，一再重複衝突的循環。第一步是挫折感，放任挫折感惡化潰爛的情況下，很快就會來到第二步：爭吵。他們大吼大叫、大發雷霆，直到吵不動爲止，這時就會落入第三步：和好（絕對不要在爭吵後做愛，只會讓問題惡化！）表面上，和好似乎就爲衝突畫下了句點，但實際上只是延續了衝突的循環。一開始的挫折並未解決，只是陷自己於下一輪的循環中而已。

我教了瑪琳娜幾招，讓她在第一步就停下舞步。是什麼導致了挫折感，讓兩人一再落入同一支困住彼此的衝突之舞？

「你們要不對這段關係有貢獻，要不造成危害。」我說：「你們各自對這份婚姻造成什麼危害？」

「每當我想和他討論時，不管是表達心裡的感受，還是提起某件事情，他都很怕被怪罪，怕自己做錯了什麼。」他偏好的防衛方式就是先聲奪人，把矛頭指向瑪琳娜，用責備和批評的炮火攻擊她。

「那妳會怎麼做呢？」我問。

「我會設法解釋自己想表達的意思或叫他停下來，這時他就會火山爆發，開始踢東西、丟東西或砸東西。」

我出了一項功課給她，要她練習走別條路，偏離他們一再選擇的那條老路。「下次他再說妳是錯的，妳就回他『你是對的』，他總不能跟妳爭這一點吧？而妳也沒說謊，因爲每個人都會犯錯，也都能改進。只要回他『對，你是對的』就好了。」

否認指控仍是在接受責難，因爲我們把不屬於自身的責任往身上攬了。

「下次他生氣時，妳先問問自己：『問題出在誰身上？』除非是妳引起的問題，否則在他試圖歸咎於妳時，妳大可不必負責任。把問題推回他身上，說：『聽起來你對這件事很生氣。』當他試圖把自己的感受加諸在妳身上時，把他的感受還給他。是他要面對自己的感受，而妳希望他能放過妳。要是踏上這場角力的擂臺，他的目光就會在妳身上，而不是在他的感受上。別再拯救他了。」

幾星期後，瑪琳娜說我教的「降火招式」很有效，他們不再吵架了。

「可是我對他有好多的怨氣。」她說。這次她想談的不是他的憤怒，而是自己的憤怒。

「在我心目中，一切都怪他。」

「那妳試試看反過來。」我說：「謝謝他。」

她驚訝得挑起眉毛瞪著我。

「妳的態度由自己選擇。所以，謝謝他，也謝謝妳的父母，是他們幫助妳成爲一個超強求生者。」

「那過去發生的事就算了？忽略他們的所作所爲？」

「跟過去和解。跟他們和解。」

許多人都得不到自己渴望且值得擁有的慈愛父母。或許父母的心思被別的事情盤據，或許他們有憤怒、擔心、憂鬱等情緒困擾，或許我們出生的時機不對，適逢他們有摩擦、有經濟壓力、剛好面臨人生的巨變之際。或許照顧者正在消化自己的創傷，未必能回應孩子對關注與情感的需求。或許他們其實想抱著我們說：「我們一直都想要一個像你這樣的孩子。」

「妳在為自己不曾擁有的父母哀悼。」我告訴瑪琳娜：「妳也可以為自己沒能擁有的丈夫哀悼。」無論是過去有發生或沒發生的事，哀悼有助於我們面對過去，最終放下過去，也會清出一塊空間，使自己看見「現在」，選擇要從這裡走到哪裡。

「妳願意跟自己結婚嗎？」我問。她一臉困惑地看著我。

「妳喜歡自己哪裡？」

她沉默不語，眉頭皺了起來，彷彿有點錯愕，也或許只是在想要怎麼說才好。

她猶豫地開了口，但越說越中氣十足，眼睛也亮了起來，臉頰泛起一抹紅暈。

「我喜歡自己是個關心別人的人。」她說：「我喜歡自己的熱忱——我有力爭上游的精神。我喜歡自己永不放棄的樣子。」

「親愛的，把這些寫下來。」我說：「放進皮包裡隨身攜帶。」

誠實列出自己的優點是很重要的一件事。我們很容易挑自己和別人的毛病，專看缺點和令人不滿之處。但每個人都有優點，可以選擇自己要著眼於什麼地方。

「你先生有什麼優點呢？」我問。

她停頓一下，微微瞇起眼睛，像是要設法看清遠方的景象。「他在乎我。」她說：「就算他那樣子，我也知道他在乎我。而且他很努力。我肩膀受傷了，他會照顧我。有時候他確實很支持我。」

「對妳而言，有他是否強過沒有他？」

只有你能決定一段關係是給你力量，還是耗盡力量。但這不是一個能夠快問快答的問題。在處理好自己的創傷、埋葬並拋下過去的負荷之前，都無法看清一段關係的眞相。

·以自由爲名的故事·

我跟畢拉離婚的決定很無情，而且我倆沒必要鬧到離婚的地步。但離婚還是有一個作用：這麼做爲我創造了更多安靜的空間，讓我開始面對往事和喪親之痛。離婚並未將我從情緒、創傷、不時閃現的回憶、麻木感、焦慮感、孤立感和恐懼感的魔掌中釋放出來，只有我能釋放自己。

「妳要小心在心煩意亂之下做出的決定。」大姊瑪格達警告過我：「妳的判斷會出錯。妳會覺得：哎呀，他太這個了、他太那個了，我受夠了。到頭來，妳最想念的就是現在受不了的地方。」我也確實想念畢拉。想念他跳舞的樣子，想念他從不掩飾內心的喜悅，想念他源源不絕的幽默，想念他逗我笑得花枝亂顫，想念他橫衝直撞的冒險精神。

離婚兩年後，我們又結婚了，但沒有回到之前的老樣子。我們不是認命地在一起，而是重新選擇了彼此。這次，不再透過怨恨和不滿的扭曲眼光看待彼此。

我告訴瑪琳娜：「妳先生惹妳生氣，但妳眞正氣的人可能不是他。」

我們在自己的故事中爲別人安排角色，讓他們演出自己所寫的劇本。當我們重新歸於完整、開始爲自己寫下新的劇本時，或許我們跟這些角色的關係會改善，也或許會發現自己不再需要他們了，在以自由爲名的故事中，對方不再占有一席之地。

你不必急著現在就要想清楚。事實上，最好停下來，別再想了又想。多一點玩樂，少一點糾結，生活過得越充實越好，你本來就已經是一個有力量的人，繼續做自己，你要的答案才會浮現。

§解開怨恨之鑰

一、**改變舞步**：許多夫妻都會反覆跳著三步舞，一再重複衝突的循環，先從挫折感開始，逐漸演變成爭吵，最後兩個人和好，表面上像是沒事了。除非一開始的挫折獲得解決，否則好景不長。在這段感情中，有什麼一直沒解決的挫折在引發衝突嗎？你要如何在落入舊有的循環之前，從第一步就改變舞步？下次挫折感沸騰時，選擇採取一個不同的做法，注意後續如何發展、一切是否有所改變。

二、**解開愛的情結**：反思內心關於愛的訊息，你可能在兒時習得了這個訊息，並將之帶進人際關係裡。舉例來說，瑪琳娜心裡懷著的訊息是：如果我愛上一個人，這個人就會離開。童年歲月教給你什麼關於愛的訊息呢？完成這個造句：如果我愛上一個人，______。

三、**你願意跟自己結婚嗎**：你認為什麼特質能創造一段自在舒坦、生生不息的關係？你願意跟像你這樣的人結婚嗎？你有什麼優點？你有什麼難相處的行為？你的生活方式能激發出最好的自己嗎？將以上問題的答案列出一張清單。

第九章

你是邁步前進或原地踏步?——令人癱瘓的恐懼之牢

當我決定回學校攻讀教育心理學碩士時，我在艾爾帕索的一所高中已經教了幾年心理學，還曾獲得年度教師的殊榮。一天，我的臨床指導教師跟我說：「伊蒂特，妳一定要去念博士。」我笑了出來。「等拿到博士學位，我都五十歲了。」我說。

「反正妳都會活到五十歲。」

這是我從別人口中聽到最聰明的一句話了。親愛的，不管怎麼樣，妳反正都會活到五十歲或三十歲、六十歲、九十歲。所以你不如冒險一試，做一件從沒做過的事。改變是成長的同義詞，為了有所成長，你必須邁步向前，而不是原地踏步。

英文將心理學家俗稱為「縮頭人」（shrink），但我比較喜歡稱自己為「探頭人」（stretch）！將觸角探出去，和一個又一個倖存者見面，並帶領對方掙脫自我限制的想法、擁抱潛能。

年輕時我學過拉丁文，我很喜歡「Tempora mutantur, et nos mutamur in illis」這句話，意思就是「時間在變，我們也隨著時間改變。」我們沒有困在過去，或困在舊有的模式和行為裡。活在此時此刻的我們，要固守、放下和迎向什麼都操之在己。

·放下恐懼，從自己開始·

葛洛莉雅仍背著沉重的負荷。她四歲時逃離陷入內戰的薩爾瓦多，成長於一個充滿暴力的家庭——父親老是對母親拳腳相向。十三歲時，她回薩爾瓦多探親，結果被她的牧師叔叔強暴，他在平安夜侵犯她，毀了她的宗教信仰，連帶也毀了她的安全感，而且當初還是他幫她受洗的。當她說出自己受到侵犯的事情時，沒人相信。那位強暴她的叔叔至今還是一位執業牧師。

「我有好多的恨和傷痛。」她說。「一切都籠罩在恐懼之中。我不想因爲過去的陰霾失去我的老公或孩子。我需要改變，但不知如何改變或從哪裡開始。」

她心想攻讀社工學位或許能幫她解開過去的枷鎖、找到現在的目標，但聽到一個個當事人受害的經驗，只是加深她的絕望與無助而已，於是她放棄了學位，因爲她痛恨挫敗的感覺，痛恨孩子們看到她的掙扎。現在，她頻頻受到過去的干擾，在來自過去的恐慌感之下，深恐孩子也會受到跟她一樣的傷害。甚至只是件單純的日常事務就會激起她莫大的恐懼，像是送女兒去露營，並把她留在營地。「我整晚睡不著覺，一直在想『她會不會出什麼事？她現在出什麼事了嗎？』」

人永遠不該放棄追求安全與正義，都該竭盡所能地保護自己、親人、鄰居、同胞，同時，我們也可以選擇要生活在多少恐懼之下。恐懼會用最挑釁的語氣，沒完沒了地對你說：「萬一這樣怎麼辦？」當它如暴風般襲來，讓你不禁渾身顫抖、心臟狂跳，威脅要吞噬你時，請抓起自己的手說：「謝謝你，恐懼，我知道你只是想要保護我。」接著再說：「當時是當時，現在是現在。」一遍又一遍告訴自己：「你已經挺過來了。你做到了。你現在好好地在這裡。」抱著自己，揉揉肩頭說：「好孩子，做得好，愛你喔！」

愛與恐懼不能並存。

你永遠不知道外面會出什麼事，無法預測誰會冒出來造成傷害——對著你吼、羞辱你、給你一拳、打破承諾、辜負信任、丟炸彈、掀起戰爭。但願我能告訴你明天的世界很安全，不再有殘酷、暴力和偏見，不再有強暴、剝奪和屠殺，但那個世界恐怕永遠不會到來，因爲我們活在一個有危險的世界裡，也因此活在一個有恐懼的世界裡。但愛與恐懼不能並存，而恐懼不必主宰你的人生。

放下恐懼，從自己開始。

·給自己足夠的信任·

受到傷害或背叛之後，要放下還會再次受傷的恐懼並不容易。恐懼最愛的臺詞就是：「看吧，我就說吧！」「我就說你會後悔吧！」「我就說那太冒險了吧！」「我就說不會有好下場吧！」而我們不喜歡讓自己的預感失望。

我們抱著恐懼不放，以爲警覺心會保護我們，但恐懼卻變成一種自證預言、一種沒完沒了的循環。懂得如何愛和原諒自己，知道如何保障自己的安全，不要爲了人生中難免的錯誤、傷害和痛苦懲罰自己，才是更好的自我保護。

我和凱瑟琳談話時，她正面臨丈夫出軌的情況。

她和英俊有爲的醫生老公已結婚十二年。爲了照顧稚子，她暫停了自己的職業生涯，相夫教子的生活過得幸福美滿。有天，她接到一通電話，一個她聽都沒聽過的男人說他經營伴遊公司，威脅她如果不付錢，就要把她老公和其中一位伴遊小姐外遇的事抖出來，鬧得他身敗名裂。這也太卑鄙、太離奇了，簡直就是肥皀劇和噩夢的情節。但當她跟老公對質時，他竟然說確有其事。他找過伴遊小姐，而打電話給凱瑟琳的人是位皮條客。

凱瑟琳震驚不已。她止不住地顫抖，吃不下飯也睡不著覺，思考自己怎麼會對眞相如此渾然不知呢？她陷入一種時時保持警戒的狀態，不停在生活中尋找蛛絲馬跡，一方面想弄懂老公爲什麼出軌，一方面想找出他有可能再次出軌的證據。

但隨著時間過去，再加上得到婚姻諮商師很大的幫助，這次出軌變成夫妻倆檢視婚姻生活、重拾親密關係的機會。感情重新穩定下來後，他變得更用心也更浪漫，讓她很是驚喜。他們相處起來更愉快了。情人節那天，老公在天亮前叫醒她，帶她穿過漆黑的走道，來到鋪滿玫瑰花瓣的樓梯間，在亮閃閃的香氛小茶蠟包圍下，兩人坐在一起掉眼淚。他們的感情重歸甜蜜，她也重拾對他的信任。

她不知道幾星期後又是一場災難——他和一位年輕同事開始了另一段外遇，她意外發現一封熱情洋溢的信：那是他寫給外遇對象的情書。

凱瑟琳是發現他又外遇的兩年後找我談的。她選擇繼續這段婚姻，接受密集的婚姻諮商，從零開始重建關係。她告訴我，在許多方面，他們的感情前所未有地緊密。她老公比較不會煩躁不安，更懂得把感情表露出來——他會抱她、親她、安慰她，時不時就關懷她、問候她；他會從工作的地方跟她視訊，或用工作地點的電話打給她，好讓她知道他真的在那裡。他對自己再次出軌的原因很坦白：「我是一個什麼都想要的超級自戀狂。」他也表達了由衷的後悔。

但凱瑟琳還是被恐懼囚禁。

「我有了一個夢寐以求、溫柔體貼的老公。」她說：「但我沒辦法接受。我成天在腦袋裡重播往事、重回過去，等著另一個噩耗降臨，等著他再次出軌。我知道這樣是在剝奪自己的生活，知道必須學著再信任他。我試著要活在當下，但我沒辦法逃出恐懼的魔掌。我沒辦法不去監視他、看緊他。」若是懷著滿滿的恐懼過日子，我們就會時時留意有什麼跡象能平息（或確認！）內心的恐懼。但無論向外尋求的是什麼，都需要從內心解決起。

「或許妳懷疑的不是老公，而是自己。」我說：「我聽到妳說了四次『我沒辦法』。」

她明亮的眼睛裡滿是淚水。

「妳沒給自己足夠的信任，所以，就讓我們從自我懷疑解決起。」

恐懼的心牢可以成爲讓自己成長、給予力量的催化劑。要展開這種轉變，語言是最有力的工具。「我們就從『我沒辦法』開始吧。」我告訴她：「首先，那是一句謊言。『我沒辦法』的意思是『我無能爲力』。除非妳還是襁褓中的嬰兒，否則這句話純粹就是不成立。」

說「我沒辦法」其實是在說「我不會」——我不會接受、我不會相信、我不會逃出恐懼的魔掌、我不會停止監視他、看緊他。恐懼的語言就是抗拒的語言。若是極力抗拒，那就是在努力故步自封，不肯有所成長，不肯伸出好奇的觸角。我們不是在邁步前進，而是在原地踏步，將改變的機會拒於門外。

．選擇信任．

我請凱瑟琳將「我沒辦法」從她的語彙庫中刪除。

刪掉一件東西之後，如果能拿別的東西替補又更好。如果你不喝雞尾酒，那就拿別種你愛喝的飲料替代它；如果你不想再躲躲藏藏、迴避你愛的人，那就用留下來取代轉身離開，用深情款款、面帶笑容看著另一半，取代迴避的習慣。

我告訴凱瑟琳：「每次一冒出『我沒辦法』的念頭，就用『我可以』來取代。」我可以放下過去、我可以活在當下、我可以愛自己和相信自己。

我指出另外兩個建立在恐懼之上的用語。剛開始談話不到一分鐘，她就接連用了這兩個用語：「我試著要」和「我必須」。「妳說妳設法活在當下，但這也是謊言。」我說：「妳要不就是活在當下，要不就是沒有活在當下。」如果你說「我試著要」，其實就是沒這麼做。你用「我試著要」來爲自己開脫。「是時候眞的開始這麼做，而不是試著要這麼做了。」

許多人在正要採取行動之際都會用「我必須」這個說法。聽起來像是在確認目標和設定優先順位。凱瑟琳想要改變婚姻中永無止境的恐懼感和警戒感，她說：「我知道必須學著再信任他。」

「但這又是另一句謊言。」我告訴她：「沒了它就活不下去的東西才叫必需品，像是呼吸、睡覺、吃飯。」我們大可不必給自己這種負擔和壓力，不必對自己說某個可有可無的東西攸關生存，不必將我們的選擇視爲必須。

「妳沒有必要信任老公。」我說：「是妳『想要』信任他。既然想要，妳就可以選擇信任他。」

注意聆聽那些「我沒辦法」「我試著要」「我必須」，看你能否將這些困住自己的語句換成「我可以」「我想要」「我願意」「我選擇」。

用被迫、不得不或無能爲力的語氣說話時，想法、感受和行爲也會隨之受到影響。我們成爲恐懼的俘虜：「我必須這麼做，不然的話……」「我想要那麼做，可是我沒辦法。」要將自己從這座牢籠中釋放出來，就要注意你的用語。注意聆聽那些「我沒辦法」「我試著要」「我必須」，看你能否將這些困住自己的語句換成「我可以」「我想要」「我願意」「我選擇」。後者才是給予改變力量的語言。

沒人能保證凱瑟琳的老公不會再偷吃。就算結束這段婚姻，也沒有萬無一失的辦法能防範她被別人背叛。恐懼癱瘓了凱瑟琳，但她握有釋放自己的工具。

・採取改變的行動・

如果夢想和行爲不一致，那是誰的責任？我的一位患者說，如果能養成良好的睡眠習慣，他的工作表現會更好，對家人也會更有耐心——但他還是一天喝五杯咖啡。另一位患者則是渴望一段穩定、長久的感情，但她還是不斷在不同男人的床上醒來。這些患者想要的目標和選擇的做法不一致。我舉雙手贊成正向思考，但除非有積極的行動，否則正向思考也是枉然。

我們無法停止努力做出枉然之舉。

人抗拒改變的其中一種方式就是刁難自己。一位患者跟我說她想減肥，但當她來見我時，有一大半的會談時間都在自責：「我狂嗑冰淇淋，大吃巧克力蛋糕。」從你讓自己失望的那一刻起，就永遠不會改變了。但如果你說：「今天我的卡布奇諾不加糖。」那麼你就是在採取改變的行動。成長、學習和療癒就是這樣發生的——一點一滴，透過爲自己所採取的行動。

有時候，看似微不足道的改變也能有很大的作用。蜜雪兒和厭食症纏鬥多年，向來不吃甜甜圈。她怕甜甜圈怕了一輩子——怕只要吃一顆，就會吃下一整盒、怕縱容自己咬一小口就會瞬間變胖、怕她會失控、怕允許自己放鬆警戒享受一下，意志力就會徹底瓦解。但她知道只要活在對甜甜圈的恐懼之中，她就還是受到厭食症的囚禁當中。一天早上，她鼓起勇氣走進麵包店——就連門上叮噹響的鈴鐺和糖霜的氣味都嚇得她一身汗。她買了兩顆甜甜圈，帶著它們去做心理治療。在治療師的陪伴、支持與安撫下，蜜雪兒讓自己感受那份恐懼，感受她對自我形象和自我價值深深的焦慮，感受她對失控的擔憂。接著，她對吃甜甜圈好奇起來。她和治療師一起咬了幾口甜甜圈。蜜雪兒感覺到舌頭上酥脆的糖霜。咬下去之後，又感覺到柔軟如蛋糕的內裡。糖分在她體內漫開，將焦慮化爲興奮！

·主動出擊、開口求助·

恐懼不是與生俱來的東西，是我們活著而學會了恐懼。

我永遠忘不了奧黛莉十歲時，有一天她的朋友來我們家，她倆在房裡玩，房門沒關，我拎著一籃髒衣服經過她門口時，一輛救護車正好呼嘯而過，警笛大作。即使到了現在，我聽到這種聲音還是會嚇一大跳。我很訝異看到奧黛莉衝到她床底下，她的朋友目瞪口呆地看著她，對這個反應困惑不解。潛移默化間，或許是看我被警笛聲嚇一大跳，我的女兒學到要害怕，將我的恐懼內化了。

根深柢固的情緒反應甚至常常不是自己的，而是我們從別人身上學來的。所以，不妨問問自己：「這是我的恐懼嗎？還是別人的？」如果是你父母、祖父母或另一半的，就不必再懷著那份恐懼了。只要放下它就好，放開你的手，把它拋諸腦後。

排除了別人的恐懼之後，針對剩下的恐懼列一份清單。這就是開始面對自身恐懼的辦法。不是抗拒、逃避或用藥物控制，而是面對。

我和我的病患艾莉森就做了這個恐懼練習。前面提到艾莉森是一位職業歌手。離婚後，她過得很辛苦，身體也出了毛病（背痛和聲音顫抖），妨礙了她的歌唱表演能力。她的恐懼清單包括：一個人孤孤單單、失去收入來源、窮困潦倒，無家可歸、生病時沒人在身邊幫忙、不受歡迎。

我請她仔細想想每一項的可能性。如果真的有可能（亦即就現實情況看來，她的擔心確實有道理），那就把這一項圈起來，在旁邊寫下「有可能」，如果只是不切實際的恐懼，那就把它從清單上劃掉。結果她發現有兩項恐懼不切實際。首先，她有來自版稅和退休帳戶的收入，所以在經濟上是有保障的。有鑒於她必須取消巡迴演出，所以確實可能失去收入來源。但即使如此，她也不可能失去房子，流落街頭。她劃掉了「窮困潦倒，無家可歸」，也劃掉了「不受歡迎」。在她的人生中，真實情況並非如此，她明明就是擁有廣大歌迷的表演者，朋友們也很珍惜她，更重要的是，她體認到別人的喜惡由不得她，別人怎麼看她是別人的事。

剩下三個「有可能」的項目是：一個人孤孤單單、失去收入來源、生病時沒人在身邊幫忙。我請她以保護自己和建立想要的生活爲目標，列一份今天可以爲自己做些什麼的清單。如果她怕落得孤家寡人，想要重新投入一段感情，那她可以下載交友 app 並註冊一個帳號。她也可以花一天試著和陌生人眼神接觸，畢竟你永遠不知道有緣人是誰！又或者，她可以去參加互依匿名會❶的活動，如此一來，就可以從一個比她和前夫結婚時更健康的地方，進入一段新的關係。她怕生病時沒人照顧，那現在就可以研究一下有什麼醫療照護資源可用，以備不時之需。例如這一區有什麼安養機構、費用怎麼算、保險是否給付等等。**不是要把恐懼趕走，而是不讓恐懼支配我們**。除了恐懼的聲音之外，也邀請其他聲音一起參與討論。接下來，就開始做點什麼。我們主動出擊、開口求助。

❶ 互依匿名會成立於一九八六年，旨在以十二步驟療法，協助參與者建立健康的互依關係。

·生存，還是毀滅？·

我們之所以困在原地，往往不是因爲不知道怎麼做，而是怕自己做得不夠好。我們設下高標，對自己百般挑剔。想要別人的肯定，更想要自己的肯定。我們以爲要成爲超人或女超人才能獲得肯定。但若是追求完美，就會一直拖延下去，因爲完美意味著永遠達不到。

你也可以這樣想：追求完美等於是在跟上帝比，而你不是神，你是人，你會犯錯。不要試圖打敗神，因爲贏的永遠是祂不是你。

追求完美不需要勇氣，追求平庸才需要勇氣。有勇氣才說得出：「我欣然接受自己。」「夠了就是夠了，我這樣很好。」

有時候，我們的恐懼極其切合實際，而解決問題的資源又極爲有限。

蘿倫的情況即是如此。身爲兩個年幼孩子的母親，四十出頭的她被診斷出癌症。疾病本身是一座牢籠，她對未來的恐懼又是另一座牢籠。她怕死。怕不能陪著孩子長大。一天，她告訴我自己最害怕的是什麼——她怕還沒眞正活過就死了。她困在身心都受到虐待的婚姻裡。她想保護孩子，帶著一雙子女自由自在地過生活，掙脫先生的控制與暴力，但眼看沒有離開的可能了。她的處境本來就已經很危險，癌症又使得她在身體上和經濟上都脆弱不堪。離開似乎太冒險了。

壓力和憂慮是不一樣的，我們探討過這兩者的差異。憂慮是時時刻刻提心吊膽，就像在奧斯威辛集中營——我們沖澡時永遠不知道水龍頭出來的會是水還是毒氣，憂慮是有毒的。相形之下，壓力其實是個好東西。它驅使我們面對挑戰、發揮創意找到解決辦法、相信自己的能力。

離開受虐的循環挑戰太大、風險太高，多數女性就算眞的脫離了虐待者，那也是歷經多次重回施虐者身邊之後的事。對蘿倫來說，這個挑戰無疑也很大。她可能會過得很辛苦——要靠有限的收入養活兩個孩子，要以單親狀態持家並接受癌症治療。但她再也不必每天活在暴力的威脅之下、不用再憂慮了。

然而，若是離開，就要用已知去交換未知。人通常就是因此對冒險卻步。不管再怎麼痛苦或沒有道理，我們還是寧可固守已知，也不願面對未知。

人在冒險時不知結果將會如何。有可能得不到你想要的，但這種結果是比較好的，因爲你會活在眞實的世界裡，而不是活在恐懼虛構出來的世界裡。蘿倫決定離開她先生。她說：「我不知道自己還剩多少時間。我不要把剩下的日子花在聽人罵我一文不值。」

當我看到患者在原地踏步，沒完沒了地兜著自我毀滅的圈子，我就會單刀直入質問他們。

「你爲什麼選擇一份自毀的生活？你想死嗎？」

他們會說：「想，有時我還眞的想死。」

這是身而爲人的大哉問：生存，還是毀滅？

我希望你永遠都會選擇生存。反正總有一天都會死，而且死後的日子長得很。爲什麼不好奇一點？爲什麼不看看生命還有什麼要給你？

好奇是關鍵，讓我們勇於冒險。**當我們滿懷恐懼，就是活在已經發生的過去之中，或活在還沒到來的未來之中。冒險、成長甚至失敗都好過故步自封，好過永遠不知道其他的可能性。**

§ 解開令人癱瘓的恐懼之鑰

一、**我可以、我想要、我願意：**挑一天記下每一次你說「我沒辦法」「我必須」「我應該」和「我試著要」。「我沒辦法」意味著「我不會」。「我必須」和「我應該」意味著放棄選擇的自由。「我試著要」則是自欺欺人的謊言。把這些用語從你的語彙庫中刪除。所以，用「我可以」「我想要」「我願意」「我選擇」「我是」來取代恐懼的語言。

二、**改變是成長的同義詞：**今天做一件跟昨天不一樣的事。如果你總是開同一條路去上班，那就換一條開車路線，或改成騎腳踏車或搭公車。如果你結帳時通常都很匆忙或想自己的事，那就試試看和收銀員眼神接觸、寒暄一下。如果你們全家通常沒空一起吃飯，那就試試看關掉電視或手機，一起坐在餐桌前吃頓飯。這些小步驟可能看似無關緊要，但它們會訓練你的大腦體認到自己是可以改變的，沒有什麼是一成不變的，你有無窮的選擇和可能性。再者，好奇心有助於將焦慮轉為興奮。你不需要留在原地、保持現況、做一樣的事，換個花樣吧，你沒有被困住。

三、**辨認屬於你的恐懼：**列一張恐懼清單，針對每一項恐懼問問自己：「這是我的恐懼嗎？還是別人的？」如果是承襲自別人的恐懼，那就把它劃掉。放手讓它走，它不是你該背負的負擔。針對剩下來的每一項，判定一下有多切合實際。以現實情況而言，如果你擔心得有道理，就把那一項圈起來。針對每一個切合實際的恐懼，判定一下它是引起你的憂慮，還是對你造成壓力。憂慮是長期的危機感和不確定感。如果活在憂慮之中，當務之急就是盡可能照顧好自己的安全和生存需求，並盡一切力量保護自己。如果恐懼對你造成壓力，要知道壓力有可能是健康的。注意壓力可能帶給你的成長機會。最後，針對每一項切合實際的恐懼列一張清單，以加強自己的力量和建立起想要的生活，寫下今天可以為自己做的事。

第十章

在你心裡的納粹——偏見的牢籠

去年，奧黛莉和我在瑞士洛桑時，我到歐洲頂尖的商業學校「國際管理發展學院」，爲來自全球的企業主管和領導力教練做了主題演講。演講過後的晚餐席間，賓客們向我舉杯，致上由衷的讚賞與謝意，令我受寵若驚。其中一位男士尤其讓我印象深刻。他很高，捲捲的頭髮開始染上風霜，瘦瘦的臉上鑲著一雙透著憂傷與聰慧的眼睛。他說我談到寬恕的部分尤其令他動容，說著說著，他哭了起來，淚水順著臉頰流下，他說：「我也有一個難以啓齒的故事。」

奧黛莉和我四目交會，以眼神無聲交流，創傷後續的遺毒、懷著祕密的痛苦盡在不言中。正式的用餐時間結束後，奧黛莉向大家告辭，穿過擁擠的房間，來到那位男士桌旁。她回來之後告訴我：「他的名字叫安德里亞斯，妳一定要聽聽他的故事。」

我們的行程很滿，但奧黛莉安排我在次日飛回家之前，和安德里亞斯私下共進午餐。他若有所思地低聲說出自己的經歷，細數一個個揭開眞相的時刻，按照時間把往事的片段拼湊起來。

・令人不安的歷史・

在第一塊拼圖中，九歲的他和父親置身於法蘭克福郊外的一個小村落，父子倆站在一件展覽品前。「兒子，這是歷代鎮長的名單。」他父親幽幽說著並沉重地伸出手，指著其中一個名字：赫曼・紐曼。「赫曼」是安德里亞斯的中間名，父親的語氣裡怪異地混合著憂傷、憤怒、渴望和驕傲，他敲敲那個名字說：「這位是你的祖父。」

十年前，安德里亞斯還沒出生，他的祖父就死了。安德里亞斯沒有親自接觸過他，不知道他是什麼樣的人，也不知道坐在他腿上或聽他說故事是什麼感覺。大家都對他的祖父絕口不提。這位家族大家長的位置被凝重的沉默取而代之，安德里亞斯隱約感覺到，父親和兩位叔叔眼裡不時蒙上的陰影和這位缺席的祖父脫不了關係。他的年紀太小，還不明白在一九三三年至一九四五年間的德國，一個人要得到官職只有一條途徑。

又過了九年的時間才揭開下一個謎團。此時安德里亞斯在智利當了一年的交換學生後，剛回到德國。他的叔叔在酗酒多年後過世了，安德里亞斯到他的公寓整理地下室的儲藏空間，站在昏暗的地下室裡，讓眼睛適應一下，掃視起一櫃又一櫃的書籍和物品，估算要花多少時間清空。這時，他看到了一個老舊的木頭行李箱，上面貼了一張似曾相識的貼紙。他走近一看，發現是智利阿里卡的海關貼紙，蓋了一九三一年的章。掛在行李箱上的皮革掛牌印有他祖父的名字。他去智利當交換生時，爲什麼家中都沒人提到祖父也去過那裡？還有，爲什麼發現這個行李箱會讓他那麼不安？

他問了他的父母，父親只是聳聳肩地離開房間，母親則模稜兩可地說：「他當時大概捲入了什麼事情，離開德國幾個月吧。」一九三〇年代初，德國面臨嚴重的經濟危機，在那個不景氣的年代，或許他祖父是去別的地方尋找機會了，就像其他德國年輕人一樣。安德里亞斯盡量忽略那種「事情恐怕沒那麼簡單」的不安感受，說服自己相信眞相就是如此。幾年後，他得到另一位叔叔的允許，前去查看存放在這位叔叔家裡的家族舊文件和紀念品。直覺告訴他，祖父的過去或許能解釋家族世代相傳的混亂不安——父親和叔叔們都有酒癮，再加上他們那副諱莫如深的態度，讓安德里亞斯一直覺得他們好像藏了什麼可恥的祕密。

他讀了幾天的資料，一點一滴地慢慢整理，更多拼圖的碎片浮現出來。祖父的舊護照蓋了智利移民局的章，顯示他在一九三〇年入境、一九三一年出境。一九四二年，有一封電報發到祖父在法蘭克福的工作單位，當時他在一家大公司裡工作。電報上寫著：「你把法蘭克福家裡的腳踏車和私人物品都清掉了嗎？」署名的是祖父的弟弟。這份電報的內容也太詭異了。

接著，安德里亞斯看了看發出電報的地址。叔公是從法國馬賽的蓋世太保總部發電報給祖父。他的叔公爲什麼能用納粹的電報機？他的祖父爲什麼會從蓋世太保總部收到私人電報？他的家族和納粹的關係有多深？

．你想把什麼傳給後代？．

他繼續埋首挖掘這些文件，從中找到了一封家族朋友的來信，信中通知他的叔公死了。戰爭期間，在法國的一次撤退行動中，叔公的車子壓到地雷，爆炸現場沒有取回任何個人物品或身分證件。他也找到祖父在戰後從德國南部一處戰俘營寫給祖母的信。祖父是犯了什麼罪或背負了什麼樣的罪名，才會被關進戰俘營？他找了好幾年，想找出更多資料，但都一無所獲。儘管祖父被關進大牢，可是似乎沒有任何證據顯示他的罪行受過審判或調查。

爲了塡補家族歷史的空白，安德里亞斯最後所做的努力，就是聯絡祖父母戰後居住地的州立檔案館。終於，他取得一份薄薄的檔案，裡頭只夾了幾張紙，包括一份占據了半頁的年表。

一九二七年，祖父二十歲時加入了衝鋒隊——納粹爲了迫害猶太人而成立的第一個準軍事團隊。衝鋒隊透過用石頭砸窗戶和放火燒街等行動，營造恐怖暴力的氣氛，助長希特勒政權崛起的氣焰。他在一九三〇年退出衝鋒隊前往智利，相隔幾個月又回到德國，重新加入衝鋒隊，還晉升爲小隊長和納粹黨員。他在一九三三年做的這些決定，不只爲他在法蘭克福財務行政辦公室的工作開了方便之門，也爲他鋪好了當上鎮長之路。安德里亞斯的父親當年才會在那座村落裡指出祖父的名字，「赫曼・紐曼」四個字意味著他所繼承的黑歷史。

「我和他共有一個名字。」安德里亞斯說：「我的細胞源自他的細胞。基本上，我是前人的產物、過去的結果。」他的存在本身彷彿受了汙染，而且，歷史似乎正在重演。就在他得知有關祖父眞相的同時，右翼運動在經濟不景氣的東德越演越烈。「我看到在開姆尼茨的移民被人追逐的照片[1]。」他說：「而我知道祖父做過一樣的事。」

他正式將自己的中間名從「赫曼」改成「菲利亞斯」，以儒勒・凡爾納《環遊世界八十天》的主角菲利亞斯・佛格爲名，這本書在安德里亞斯小時候激起他對世界的好奇。改名是一個和祖父撇清的舉動，藉此和祖父犯下的錯誤斷絕關係，宣示「對，我是赫曼的孫子，但我不必背負著這個名字」。

安德里亞斯說他還在努力卸下過去的負荷——身上流著加害者的血液，總是令他羞愧不已，若不是祖父從傷人的不義之舉得到好處，今天就沒有他的存在。很不幸的，這是許多德國人共有的集體罪惡感。如果你是德國人、胡圖人❷，甚或是種族隔離或屠殺行動執行者的後代，如果你的祖先參與了諸如此類的暴力組織和不公平系統，我要告訴你：那些事不是你做的。要怪就怪加害者，然後決定一下——「你要背著這個負擔多久？」我問安德里亞斯：「你想把什麼傳給後代？」

你想繼續受制於過去？還是你能找到辦法，把親人和你都釋放出來？

・找到辦法負傷前行・

直到我們的歐洲行之前，我都不知道自己的女兒是怎麼爲這個問題感到困擾。在她小時候，我不曾跟她談論我的過去。她在上主日學時學到了大屠殺的歷史，回來就問了畢拉這件事。他告訴她媽媽待過奧斯威辛集中營，一切頓時有了道理。

---

❶ 開姆尼茨所在的薩克森自由邦位於前東德，反移民的極右派和新納粹分子在此壯大，攻擊移民的暴力排外行動至今仍時有所聞。

❷ 一九九四年，中非國家盧安達境內的胡圖族對圖西族發動種族大屠殺，奪走百萬條人命。

她一直隱約感覺到我們避談過去的痛苦，可是因爲她不知從何問起，或她多少有點不太想知道，所以謎底始終沒有揭曉。現在，眞相整個攤在陽光下了。當我開始公開地談論過去，奧黛莉不知該拿這段歷史帶給她的感受怎麼辦，她揣測自己的DNA裡是否帶有我和畢拉的痛苦因子，她擔心創傷的重擔會不會也傳給她的孩子。多年來，她對大屠殺相關的書籍、電影、博物館和紀念活動能避則避。

面對令人不忍的家族史，人往往有兩種反應：抗拒它或遠離它。雖然來自同一場悲劇中對立的兩方，安德里亞斯和奧黛莉卻走在同一條路上，兩人都要面對殘酷的事實，找到辦法負傷前行。

·停止偏見就從自身做起·

爲了保護孩子，我只想到對過去的傷痛絕口不提，沒考慮過更廣泛的後遺症。直到一九八〇年代初，有個十四歲的少年在法庭裁定下來後，到我這裡接受心理治療。他穿著咖啡色的運動衫和靴子出現，一隻手肘靠在桌上，開始滔滔不絕地說如何讓美國成爲白人的天下，如何殺光猶太人、黑鬼、墨西哥佬和中國佬。我一時怒火中燒，很想抓著他猛搖說：「你怎麼敢對我說這種話？你知道我是誰嗎？我母親可是死在毒氣室裡！」正當我想伸手掐住他脖子之際，我聽到內心傳來一道聲音：「揪出妳先入為主的偏見。」

停止偏見就從自身做起。你可以放下論斷，選擇同理。

我心想：「不可能，我才沒有偏見。我既是大屠殺倖存者，也是外來移民。仇恨奪走了我的雙親。我在巴爾的摩和我的非裔美籍同事共用『有色人種』專用廁所。我曾和小馬丁．路德．金恩博士一起為人權遊行。我哪有什麼偏見！」

但是我深呼吸一口氣，傾身向前，拿出所有善意望著他說：「再多告訴我一點。」那是一個小小的接納之舉——不是接納他的意識形態，而是接納他這個人。這便足以讓他說起自己孤單的童年、缺席的父母，以及他所受到的嚴重疏忽。他的故事提醒我：他之所以加入極端團體，不是因為生來就帶著仇恨。他只是在尋求每個人都想要的東西：接納、關注、情感。這不是藉口，但攻擊他只會勾出成長背景在心裡埋下的無價值感。我可以選擇更進一步將他異化，也可以選擇給他另一種庇護與歸屬。

後來我就沒再見過他，不知他是否繼續走在偏見、犯罪與暴力的歪路上，還是他治療好了心裡的創傷、翻轉了人生。但我確實知道，他懷著殺人意圖走進我的診間，想殺的還是像我這樣的人，最後卻帶著比較平和的心情離開。

就連一個納粹分子都有可能是上帝的使者。這位少年是我的老師，他讓我看到我永遠都能選擇用同理取代論斷、肯定我們共有的人性，把愛落實在人與人之間。

在世界各地，法西斯主義眼看就要死灰復燃。我的曾孫等著繼承一個依舊被偏見和仇恨籠罩的世界。孩子們帶槍到學校，在遊樂場上喊著種族歧視的字眼。各個國家豎起高牆，將難民和人類同胞拒於牆外。在恐懼、脆弱的狀態下，我們忍不住仇視起那些滿懷恨意的人，但我很爲這些學會仇恨的人難過。而且，我能理解他們。如果我生來就是非猶太裔的德國人，而不是匈牙利籍的猶太人呢？如果我聽到希特勒宣告「今天是德國，明天是全世界」呢？我也可能成爲希特勒青年團的一員、集中營的一名衛兵。

我們不見得是納粹的後代，但每個人心裡都有一個納粹。所謂自由就是在每刻做出選擇，選擇貼近心裡的納粹還是甘地，選擇與生俱來的愛還是後天學會的恨。納粹是心裡對人妄下論斷、吝於同理他人的部分。內在的納粹拒絕給你自由，使你一旦不能稱心如意，就去加害於人。

我還在學習放下心裡的納粹。

一天，我在一家奢華的鄉村俱樂部和一群女性共進午餐，她們個個看起來珠光寶氣。我心想：「爲什麼要和一群芭比娃娃共度一下午？」緊接著，我意識到這是在論斷別人，這種「我們」和「他們」的對立觀點，就跟殺害我的雙親的思維模式一樣。我收起自己的成見，發現這群女生很有想法，她們同樣也經歷過痛苦與磨難，我卻差點在第一眼就否決了她們。

一天晚上，我在一間哈巴德之家❸演講，有一位大屠殺倖存者也出席了。他在座談時間問我：「妳在奧斯威辛集中營爲什麼那麼容易就屈服了？」他提高了音量，越說越激動。我解釋：「要是試圖反抗，當場就會被衛兵開槍射殺。反抗不會帶給我自由，只會讓我錯過餘生歲月。」但說著說著，我意識到自己是在爲過去所做的選擇辯護，試圖用自我辯護來迎戰他的激動。過去是過去，那現在呢？或許這是我人生中一個給人同理心的機會。我最後說：「謝謝你來到這裡，謝謝你分享你的經驗。」

·用理解將他包圍·

活在論斷的牢籠裡，不只害了別人，也害了自己。

---

❸猶太教正統派的聚會活動場所。

我認識艾莉克絲時，她正邁向自我同理的旅途上。她給我看手臂上的刺青，一行刺的是「憤怒」，下一行刺的「愛」。

「我就是這樣長大的。」她說：「我爸是憤怒，我媽是愛。」她的父親是名警察，他對她和弟弟的教養風格就是：「不准那副表情」「少給我惹麻煩」「不准有情緒」「有事也要裝沒事」「不准犯錯」。艾莉克絲早早學會父親因爲在工作上受氣而火山爆發前，躲回自己的房間。

「我總以爲是我的錯。」她告訴我：「我不知道他在不高興什麼。從來沒人告訴我『跟妳沒關係，妳什麼也沒做錯』。成長過程中，老覺得是因爲我惹他生氣，我一定有什麼不對。」這種責備和論斷內化之深，就算現在她已經是個大人了，她還是不敢請店員幫忙從貨架高處拿東西。「我心想他們一定會覺得我很白癡。」

酒精麻痺了她的壓抑、擔憂和恐懼，讓她得到暫時的解脫，直至淪落到勒戒所爲止。

我和艾莉克絲聊的時候，她已戒酒十三年，並且剛離開工作了二十多年的崗位。她原本是一名急救派遣員，在繁重的工作和照顧身障女兒之間，她難以取得平衡。

雖然她的母親是溫暖、安全、善良和愛的化身，在家裡扮演和事佬的角色，願意爲兒孫丟下一切，把例行的家族聚餐都變得跟節慶一樣特別，但艾莉克絲的父親還是成天悶悶不樂、滿腔怒火。她隨時睜大眼睛，注意他的一舉一動，以便保護好自己。

最近一次和雙親的露營之旅，她注意到父親對其他人的所有負面評語。「看到隔壁的人在收拾營地，我爸就會說：『這是我最愛的部分——看這些人要笨。』我就是這樣長大的。父親總是冷眼笑看別人出錯。難怪我老是覺得別人會恥笑我！難怪我老是注意他嘴角有沒有撇一下或抖一下——那是我要小心別惹他生氣的線索。我這輩子就是這樣被他嚇大的。」

「最討厭的人就是妳最好的老師。」我告訴她：「妳在他身上看到妳不喜歡的地方，他就像一面鏡子，教妳反省自己。所以，妳這樣論斷、嚇唬自己多久了？」我發現她是如何主動「縮回去」——她想上西班牙語課，但不敢報名；她想加入健身房，但不敢去。

我們都是受害者，你要如何層層追溯上去找到源頭呢？最好從你自己開始改變。

幾個月後，艾莉克絲說她終於鼓起勇氣，報名了西班牙語課，也加入了健身房。她說：「大家都很歡迎我！甚至找我去和女子舉重隊較勁。」

拋棄心中的納粹，就解除了阻礙自己前進的內、外在武力。

「妳有一半是妳的父親。」我告訴艾莉克絲：「用理解將他包圍。」這是我在奧斯威辛集中營學到的道理。如果試圖反抗，衛兵就會對我開槍；如果試圖逃跑，我就會誤觸電網。所以，我將仇恨轉爲憐憫：我選擇爲那些衛兵惋惜。他們被洗腦了，他們的純眞被偷走了，他們失去了自由。但我還保有我的自由。

・愛是與生俱來的，恨是後天學來的・

我們造訪洛桑幾個月後，奧黛莉回到國際管理發展學院，和安德里亞斯一起舉辦高效領導研習課程。安德里亞斯說：「我們在同一宗暴行的兩端長大。」現在他倆卻攜手合作，幫助企業主管關注內在療癒的課題——面對過去並邁向更美好的未來。

他們的學生當中有歐洲人，主要來自德國及其鄰國，年齡層包含三十幾歲、四十幾歲到五十幾歲，是二戰後的第一、二代，他們很好奇自己的家族在戰爭中發生了什麼事。也有學生來自受到暴行蹂躪的非洲和東南歐，他們想知道要如何面對並放下自己家族蒙受（或造成）的悲劇。這個由倖存者之女和納粹黨員的孫子帶領的內在療癒課程，不只是「如何」療癒的好例子，也是「爲何」療癒的好例子。

「以前我也是集體沉默的一分子。」奧黛莉說：「我怕碰觸那份痛苦。」但她體認到，避免知道更多就是在堅持悲傷。「現在我寧可好奇一點。」她說：「而且我想幫忙。」安德里亞斯表示認同，「我最終明白自己爲什麼投入那麼多時間挖掘過去。」他說：「我想，在可能的情況下，我的祖先會希望改過自新。一旦領悟到這一點，我對他們就比較釋懷了，不再質疑他們爲什麼那麼做，可以專注在現在我爲和平所做的貢獻上。」

愛是與生俱來的，恨是後天學來的。要愛要恨，取決於自己。

§ 解開偏見之鑰

一、**最好的老師：**最毒、最討厭的人可能就是我們最好的老師。下次碰到惹惱或冒犯你的人，柔和自己的眼神，並告訴自己：「跟我一樣，他也是人。」接著，問問自己：「這個人的出現是要教我什麼？」

二、**愛是與生俱來的，恨是後天學來的：**想想從小到大接觸過什麼把人分類的概念，列一張清單，例如「我們／他們」「好／壞」「對／錯」。哪一項內容符合你今天看待世界的方式，就把它圈起來。注意自己可能在哪些地方抱持偏見，它如何影響你的人際關係？是否限制了你選擇或冒險的能力？

三、**你想傳給後代什麼樣的「食譜」：**我們無法選擇祖先的作為或遭遇，但我們可以創造自己想要傳給後世的「食譜」。為自己寫下一份美好人生的食譜，從家族的歷史中擷取好的部分，並加進自己的食材，給後世一個美味又營養的基礎。

第十一章

活過今天，明天就自由了——絕望的牢籠

在奧斯威辛集中營，我被一個揮之不去的念頭纏著不放：「有人知道瑪格達和我在這裡嗎？」任何一種答案都指向絕望。如果有人知道卻不伸出援手，那我的生命還有什麼價值？如果沒人知道，那我們怎麼有出去的一天？

當絕望襲來，我就會回想起當初在被送去囚禁的路上，母親在漆黑、擁擠的牛車裡是怎麼跟我說的：「我們不知道要去哪裡，不知道會發生什麼事，但只要記住一點：沒人能奪走裝進妳腦袋裡的東西。」

在集中營漫長、可怕的日日夜夜裡，我會選擇要在腦袋裡裝些什麼。我會想想男友艾瑞克，想想我們的戀情是如何在戰火中點燃，想想我們會如何在河邊野餐，一邊吃著我母親做的美味炸雞和馬鈴薯沙拉，一邊規畫著未來。我會回想起被迫離家之前，我穿著父親做的禮服與艾瑞克共舞——我是如何試穿那件禮服、確定可以穿著它跳舞，確保我跳起舞來裙襬會旋轉，而艾瑞克的手就靠在細細的麂皮皮帶上，扶著我的腰。我會回想起被送離磚廠時，艾瑞克最後對我說的話：「我永遠不會忘記妳的眼睛，不會忘記妳的小手。」我會想像我們的重逢，想像我們如何欣喜若狂、如釋重負地投向彼此的懷抱。這些遐想就像燭光，而我秉燭度過最黑暗的時刻。想像這些畫面不會將恐懼一筆勾銷，不會把我的父母還來，不會減輕我的喪親之痛，也不會掃除步步進逼的威脅，但有助於我跳脫當下的處境，冷眼看待飢餓與酷刑，勾勒出一個有愛人的明天。我是活在人間地獄中沒錯，但那只是一時的，總有熬過去的一天。

「希望」真的攸關生死。在奧斯威辛集中營，我結識了一名年輕女子，她確信集中營在聖誕節前就會獲得解放。她看到新來的囚犯越來越少，又聽到傳言說德軍損失慘重，於是哄自己過不了幾週就自由了。但聖誕節來了又走，沒人來解放集中營。聖誕節次日，我這位朋友就死了。是希望支撐她活下去，一旦希望破滅，她也就活不下去了。

·活下去是一場太艱鉅的苦戰·

事隔七十多年，我的第一本書《抉擇》上市幾個月後，在拉霍亞的一間醫院，我想起那位朋友的事。數十年來，我都夢想著最終能把我的療傷故事寫下來，鼓勵世人展開及堅持走在邁向自由的旅途上。出書之後發生了許多不可思議、激勵人心的事——我每天都收到令人動容的讀者來信、研討會和特殊活動的演講邀約，以及國際媒體的訪談邀請。

在一個令人期待的日子裡，狄帕克．喬普拉邀我參加他主持的臉書直播活動，地點在卡爾斯巴德的喬普拉中心。我興奮極了，爲了讓自己看起來和感覺起來都在最佳狀態，我約了美髮師和化妝師。把我最愛的設計師套裝燙好，努力忽略胃裡傳來的疼痛，那種感覺就像我在集中營裡餓到肚子痛的時候。我一邊化妝，一邊跟我的肚子說：「別吵，我現在很忙！」

活動當天，我早早起床，仔細穿好衣服。對著鏡子調整套裝外套時，我想像家父看著我，我笑著對他說：「瞧瞧現在的我！」但當朋友接我去喬普拉中心時，只見我彎著身體，努力壓下一波劇烈的胃痛。朋友說：「我不要載妳去活動現場，我要載妳去醫院。」我聽不進去。「我花了兩天準備欸！」我咬牙切齒地說：「我要去喬普拉中心。」她盡可能把車開得快一點，我們抵達時，我急急忙忙地進去，勉強跟狄帕克和他太太打招呼，就躲進廁所跪在地上了。我扶著馬桶邊緣，深怕吐得一地都是，害自己丟臉，接著我就痛得昏過去了。接下來，我知道的就是狄帕克扶著我的手臂，將我帶回車上並直接送我到醫院，醫生發現我的小腸有一部分打結了，必須立刻動手術切除才行，醫生說：「要是再晚個一小時，妳就沒命了。」

動完手術幾小時後，我從昏沉中醒來，全身上下還麻麻的。護士告訴我，我是她們在手術室裡見過最高雅的病患了。顯然，我的妝容還很完美。

我不覺得高雅，只覺得自己像是一個無助的嬰兒——被藥物麻得神志不清，對周遭一切茫然不解，無法在沒人協助下移動。如果想上廁所，我必須按下一個按鈕，然後焦急地等護士或醫生助理過來帶我。我覺得自己人不像人，感覺自己只剩一些基本需求——餓了、渴了、想上廁所了。而且，這些需求無法自理。

最糟的是被插了一根管子的我沒辦法說話，既無助又不能出聲的處境勾起太多可怕的回憶。我抓著那根管子，想把它扯掉。護士擔心我會害自己窒息，就把我的雙手綁住。這下子我真的嚇壞了，無法忍受行動受限，過去的創傷讓我產生不自主的身體反應，亦即創傷後壓力症候群的症狀，密閉空間或任何限制住我的東西都會引起恐慌。被綁在醫院裡說不出話來，讓我覺得活下去是一場太艱鉅的苦戰。

打從動手術以來，我三個美麗的孩子——瑪麗安妮、奧黛莉和約翰就守在我身邊，不厭其煩地替我發言，確保藥物調整到能讓我盡量保持清醒的劑量，還幫我抹上我最愛的香奈兒乳液，甚至連孫子和孫女們都來看我了，他們把我照顧得那麼好，做盡一切來維護我的尊嚴和舒適，但我身上連了那麼多部機器，我還有不靠他們、生活自理的一天嗎？如果不能好好活，那我也不想繼續呼吸。等雙手一被鬆開，我就打手勢要瑪麗安妮拿紙筆過來，並在紙上潦草寫下：我寧願死。

他們跟我保證，時候到了就會讓我走，瑪麗安妮還把我寫的字條收好。他們似乎不明白，我的意思是我「現在」就想死。那天稍晚，心肺科醫生麥克考爾來巡病房，說我看起來狀況很好，保證第二天就會拆管。孩子們笑著親親我說：「看吧，媽，妳會好起來的。」漫長的午後時光一分一秒過去，監控螢幕和維生機器圍繞著我嗶嗶響，我努力說服自己：這是一時的，我撐得過去。我不知打盹了幾次又醒過來幾次，度過了一個不安的無盡長夜。太陽升起，我終究撐過來了，那天就要拆管了。

「這是一時的。」我一邊反覆告訴自己，一邊等待麥克考爾醫生來拆管。但當醫生來巡病房時，卻頓了一下並確認筆記，接著嘆口氣說：「我想我們還得再等一天。」我沒辦法發出聲音，跟他說我連一天都等不下去。但他渾然不知我有多想放棄，只是投以一個安慰的笑容，就去巡其他病房了。

．我不再想死，我想活．

那天夜裡，我把身體縮成一團，將世界擋在外面。我心想：「這是不是終於放下一切的感覺呢？」接著，我聽到心裡的聲音說：「妳在集中營都辦到了，現在也辦得到。」我是有選擇的，我可以選擇屈服和放棄，也可以選擇希望。此時，我全身上下湧起一股煥然一新的感受，感覺三個世代的人——兒女、孫兒女和曾孫——合力把我支撐起來。我想起奧黛莉出生之後，瑪麗安妮來醫院看我時雀躍吶喊：「我有妹妹了！我有妹妹了！」約翰小時候的障礙教我無論發生什麼事都絕不放棄。琳希當上媽媽時一臉容光煥發。曾孫海爾發出甜甜的嗓音叫我「寶貝奶奶」。大衛兩、三歲時拉起上衣喊著「親我！親我！」讓我親他肚臍。青春期的喬登在朋友面前一副耍酷的模樣，到了就寢時間卻要喝一杯蜂蜜熱牛奶。瑞秋美麗的眼睛一邊望著我，一邊按摩我的腳。我得活下去，因為我還想看見這一雙雙眼眸！我感受到他們與生命給予的禮物。疼痛和疲倦並未消失，但四肢和心臟都活了起來，頓時領悟到自己的助人大業還沒完成，在這個地球上還有更多想做的事。

時候到了就是時候到了，什麼時候死由不得我們。但我不再想死，我想活。

第二天，醫生來了，管子也拆掉了。奧黛莉扶我沿著走道走一走，護士們夾道為我歡呼、鼓掌，見我無論拖著多少設備都要下床走一走，她們看得歎為觀止。不出一星期，我就回家了。當我被綁在病床上選擇希望時，還不知道一年後歐普拉會寄信過來，說她讀了我的書，想在節目上訪問我。

我們永遠不知道前方有什麼。「希望」不是用來粉飾痛苦的白漆，而是對好奇的投資；「希望」是體認到現在放棄就永遠看不到接下來會怎麼樣了。

我本來以為人生中沒有比我懷上頭胎時更快樂的事了。醫生建議我終止妊娠，他怕我身體不夠強壯，生不出健康的寶寶或承受不了分娩的艱辛。但從診間看診出來後，我卻蹦蹦跳跳地穿過大街小巷，藏不住內心的喜悅。在歷經那麼多磨難和無謂的死亡之後，我竟然能將一個小生命帶到這世上。我用大吃黑麥吐司和德式馬鈴薯麵疙瘩來慶祝，對著自己在商店櫥窗裡的倒影咧嘴笑。

選擇希望影響到我每天關注的東西。

打從瑪麗安妮出生以來的數十年，我得到很多、失去很多，這一切都讓我知道自己擁有多少東西、教我擁抱珍貴的每一刻，不要等待別人的允許或認可。這一切也都再再提醒我：選擇希望就是選擇生命。

希望不保證未來會發生什麼。打從戰時以來，我一直有脊椎側彎的問題，使肺臟被推得越來越靠近心臟，不知道自己會不會心臟病發，或哪天醒來就不能呼吸了。但選擇希望影響到我每天關注的東西。我的想法可以很年輕，我可以選擇做什麼事把生活填滿熱情——只要還跳得動就繼續跳舞、踢高踢腿、重讀對我來講很有意義的書籍、看電影、聽歌劇、欣賞舞臺劇、品嘗美食和接觸高級時尚、跟正直善良的人共處、謹記失去與創傷不代表再也不能把人生活好活滿。

・希望是放大版的好奇心・

旁人說：「妳親眼見過世上最大的惡行。當這個世界依舊存在大屠殺的行爲，有這麼多證據證明這個世界沒有希望，妳怎麼還能抱持希望？」在惡劣的現實面前質問希望如何可能，這是將希望和理想主義混爲一談。理想主義是你期望人生中的一切都很公平、很美好或很容易，這是一種防衛機制，就像否認或妄想一樣。

親愛的，不要用巧克力裹住大蒜，這樣不好吃。同理，**否認現實或將現實裹上糖衣，都不會讓你嘗到自由的滋味。「希望」不是分散對黑暗的注意力，而是與黑暗正面交鋒。**

我開始著手寫這本書不久後，偶然看到班傑明·費倫茨的一場電視訪談。起訴納粹戰犯的紐倫堡大審堪稱史上最大宗刑事審判案，九十九歲高齡的費倫茨則是紐倫堡大審最後一位還在世的檢察官。當時他只有二十七歲，身爲羅馬尼亞猶太移民之子，二戰期間於美軍服役，參與過諾曼第登陸行動和突出部之役。而後在各個集中營獲得解放時，被派去收集證據。親眼所見的一切令他心靈受創，發誓再也不回德國。

他回到紐約的家，準備展開執法生涯，這時又被招募到柏林，調查納粹的辦公室和檔案室，好爲紐倫堡戰犯審判的起訴提供證據。整理納粹的資料時，他發現特別行動隊寫的報告。特別行動隊是親衛隊部署的殺人突擊隊，報告中列出在納粹占領的歐洲遭到冷血射殺的男女老幼，地點遍布各個村鎮。費倫茨計算了死亡人數：超過一百萬人在家中遭到殺害，屍體埋在亂葬崗。

費倫茨說：「事隔七十一年，我還是覺得反胃。」

希望是放大版的好奇心。

這就是希望登場的地方——如果費倫茨堅持抱著理想主義，就會設法忘記令人痛苦的眞相，或是把眞相埋葬在一廂情願的想法中，哄自己說戰爭已經結束了，世界現在變得更好了，這種事不會再發生了。如果費倫茨迷失在絕望中，他則會說：「人性何其醜陋，做什麼都沒用。」但費倫茨選擇的是希望。他決心盡一己之力落實法律的制裁，阻止類似的罪行再次發生。在特別行動隊的案件中被任命為首席檢察官，當時他只有二十七歲，是人生第一場的審判。

他活了將近一世紀，至今持續爲和平與社會正義發聲。

「不氣餒是需要勇氣的。」他說。但他提醒我們周遭都有進步和改變在發生，而且沒有什麼新鮮事是在以前發生的。

最近，我在聖塔菲牧場區演講時想起了他的話。聖塔菲牧場區位於加州聖地牙哥北邊，從前是一個種族隔離社區，猶太人不久前還不被允許住在這裡。如今，居民卻在慶祝聖塔菲牧場區迎來第一位哈巴德拉比❶的第十五週年。

若是認定一件事不可能或沒有希望，那結果真的就會如你所想。若是採取行動，誰曉得結果會怎樣？希望是樂於開發內在的光源，並將光芒照在最黑暗的地方。希望是就我所知最大膽的想像行動。

・只要活過今天，明天就自由了・

到處都是絕望的種子。

我從集中營和共產歐洲活了下來，來到美國這塊自由的土地，並在巴爾的摩的工廠工作，不料這裡連廁所和飲水機都分種族。我逃離了仇恨與偏見，只發現更多的偏見與仇恨。

我開始寫這本書幾個月後，在逾越節（猶太教慶祝解放的節日）最後一天，一名持槍男子走進聖地牙哥的一間猶太教正統派教堂，開槍奪走一名信眾的性命，事發地點就在我住的地方附近。他說：「我只是想保護我的國家不被猶太人入侵。」幾個月後，在我之前居住的德州艾爾帕索，一名年輕白人男子在白人優越主義的反

❶ 哈巴德為猶太教正統派中的一個支系，拉比為猶太教精神領袖之意。

移民謀殺行動中，於沃爾瑪商場射殺了二十二個人。難道我父母的死是爲了讓歷史重演嗎？

我永遠忘不了多年前在艾爾帕索的大學課堂上，教授問：「你們有多少人知道奧斯威辛集中營？」全場至少有兩百人，但只有五名學生舉手，我的胃一陣翻攪。

無知是希望的敵人，也是希望的催化劑。

我有幸見到聖地牙哥猶太教堂槍擊案的一位倖存者，我們在他上大學前幾週見面。這位倖存者生於以色列，九歲時全家移民到美國。他的父母不算虔誠的教徒，但他和父親最近開始會在每週六上猶太教堂，因爲他覺得上教堂有助思考、重新出發、打起精神，反省一下這星期有什麼做錯和做對的地方。發生槍擊案的那天上午，他正考慮要上哪一所大學。當他父親在藏經閣聽妥拉經誦讀時，他坐在教堂的前廳，那是他最愛的禱告和沉思地點，此時，眼角瞥見一名男子進入教堂，然後槍尖一閃、子彈飛竄，一名女子倒在地上。他本能地告訴自己：「快跑！」接著一躍而起拔腿狂奔，但那名持槍歹徒注意到他，追過來吼道：「王八蛋，你敢跑！」他找到一個空房間，躲進一張木頭書桌下，整個人緊靠著桌子。持槍歹徒的腳步聲來到門口，我這位年輕朋友屏住呼吸。不久後，腳步聲離開了，我的朋友還是緊挨著桌子，不敢動也不敢呼吸。躲著躲著，父親過來找他，安撫他說持槍歹徒已經跑了，但他還是僵在書桌底下。

「我要以求生者對求生者的姿態跟你說話。這次經驗永遠都會跟著你。」我告訴他，不時閃現的回憶和恐慌的感覺通常不會消失，但所謂的創傷後壓力症候群不是一種異常的疾病，而是人對失去、暴力和悲劇的正常反應。雖然永遠無法克服那天親眼目睹的畫面，但他可以學著釋懷，甚至善用那次經驗，因爲人生中的一切都能爲我們所用──用來推動成長。

這就是我爲你獻上的希望。你也可能因爲某些原因喪命，甚至可能有想死的時候，但你沒死。「希望」是一種堅定的信念，相信自己熬過去是爲了當別人的好榜樣，成爲自由的使者，當一個致力於完成使命的人，著眼於依然擁有的東西，而不是已經失去的東西。人總是有事可做的。

我的阿姨瑪蒂達活到一百歲，每天早晨醒來都說：「事情可能更糟，也可能更好。」這就是她開始一天的方式。我九十二歲了，多數日子裡，我一醒來就覺得身體的哪個部位在痛，這是老化的一部分、不得不面對的現實，脊椎側彎、肺臟受損的人活著就是這樣。無病無痛的那天就是我死掉的那天。

「希望」不會粉飾或掩蓋現實，它告訴我們人生充滿黑暗與磨難，然而，只要活過今天，明天就自由了。

§ 解開絕望之鑰

一、**不要為大蒜裹上巧克力：**把希望和理想主義混為一談是個誘人的想法，但理想主義只是一種否認的形式、避免和痛苦正面對決的方式，韌性與自由並非來自假裝不痛。聽聽你是怎麼談自己的逆境或傷痛的：「沒事的」「沒那麼糟」「其他人還更慘，我沒什麼好抱怨的」「船到橋頭自然直」「沒有痛苦就沒有榮耀！」下次聽到自己用淡化、妄想或否認的語言，不妨試著換成：「我的心真的很痛，但那只是一時的。」提醒自己：「以前我也熬過了別的痛苦。」

二、**不氣餒是需要勇氣的：**我們周遭都有進步和改變在發生，沒有什麼新鮮事是在以前發生的。花十分鐘列出現在比五年前更好的事情，盡你所能列越多越好。想想全球的格局、人權的進步、科技的創新、不落俗套的藝術作品。再想想個人的層面，你做過的事、達到的成就、變得更好的地方。讓有待完成的任務成為希望的催化劑，而不是絕望的導火線。

三、**希望是對好奇的投資：**舒服地坐下來或躺下來，閉上眼睛放鬆身體，集中注意力並深呼吸，想像你沿著一條小徑或道路走去，要去見未來的自己，你是走在一條燈火通明的城市街道上？走在一片森林裡？還是沿著一條鄉間小巷走去？打開五感，注意周遭一切的細節——景物、氣息、聲音、味道和身體的各種感覺。現在，你來到未來的家門前，未來的你住在哪裡？摩天大樓裡？小木屋裡？有個寬敞前廊的大房子裡？門打開了，未來的你出門迎接現在的你，未來的你看起來如何？穿著什麼衣服？跟他抱一下或握個手，然後問他：「你想讓我知道什麼？」

第十二章

沒有憤怒就沒有寬恕——耿耿於懷的牢籠

常有人問我怎麼有辦法原諒納粹。我沒有爲任何人塗上寬恕膏油[1]、洗淨他人靈魂之罪的神力，但我有讓自己自由的神力，你也有。**寬恕不是我們爲造成傷害的人所做的事，而是爲自己所做的事。做了這件事，就不再是過去的受害者或囚徒，不用再背負充滿痛苦的負擔**。另一個關於寬恕的誤解，就是用「我跟他到此爲止」的心態釋懷傷害我們的人。

但釋懷不是這樣的，寬恕不是把某個人排除在外，它是「放下」。不是允許某個人繼續傷害你，也不是說受傷沒關係，而是既然傷害已經造成了，除了你之外，沒人能修復這個傷口。

·你的人生是自己的·

釋懷並不容易。那不是一夜之間的轉變，而且過程中有很多阻礙——討公道的衝動、報仇雪恨的渴望、想聽到對方的道歉，甚至只要認錯也可以。

戰後，約瑟夫·門格勒逃到巴拉圭。多年來，我一直幻想到巴拉圭把他找出來。我會裝成一個擁護者，假冒記者的身分接近他。然後走進他家，看著他的臉說：「我就是在奧斯威辛集中營爲你獻舞的女孩。你殺了我的母親。」我想看看他的表情，望著他的眼睛，看他面對事實，無處可逃。我要他手無寸鐵地站在自己的罪行面前，我要享受強大和勝利的感覺，因爲如今他是居於弱勢的一方。我不是要報仇，不盡然是。我隱約覺得傷害別人並不會帶走我的痛苦，但有很長一段時間，這種幻想給我很大的滿足。只不過我的憤怒和悲痛還在，寄情於幻想只有暫緩的作用而已。

針對你的遭遇，如果能讓別人看見眞相、說出眞相，如果能有一個集體程序，例如透過修復式正義、戰犯審判庭、眞相與和解委員會讓加害者負起責任、讓眞相受到公評，放下過去就會比較容易。

但人生不是取決於從別人那裡得到或得不到什麼，因爲你的人生是自己的。

・沒有憤怒就沒有寬恕・

我接下來要說的話可能會讓你很吃驚：沒有憤怒就沒有寬恕。

生悶氣害到的是自己。

長久以來我很不擅長表達憤怒。我不會承認自己不高興，因爲憤怒的情緒令我

❶ 作者以受膏禮為喻。塗上膏油的宗教儀式（即「受膏禮」）代表為受膏者引入聖靈、擺脫惡魔的影響。

害怕情緒失控，我怕一旦火山爆發就沒完沒了，怒火會將我徹底吞噬。但正如我在前面說的，憂鬱的相反是表達，說出來不會生病，悶在心裡才會。同樣的，如果不准自己感受憤怒、表達憤怒，就很難放下憤怒。最後，我請我的治療師坐在我身上，雙手使勁把我按住，讓我推著她發出一聲原始的怒吼。若是沒有積極、有意識、刻意地釋放憤怒的情緒，這股氣會一直憋在心裡，這是沒有任何好處的。

發脾氣也對你沒好處。大發雷霆的時候，可能一時覺得很痛快，但其他人就要變成受氣包。你其實沒釋放任何東西，只是在延續一個傷人的循環而已。

對付憤怒最好的辦法，就是學著疏導和化解憤怒。聽起來容易，但如果你被教育要當個「乖孩子」，如果你學到憤怒是一種很可怕或不被接受的情緒，或如果你曾受別人的憤怒所傷，就很難讓自己去感受你的憤怒，遑論表達出來了。

當蕾娜的先生突然說要離婚，沒有解釋也不容討論，她很震驚自己竟然會失婚。一年後，她調適得好極了，工作表現良好，給三個孩子愛與支持，甚至又開始交男朋友，還剪了個時髦的髮型、戴上顯眼的大耳環。然而，她卻覺得自己的心被困住了，無法克服被人生擺了一道的感覺。

「我失去了不想失去的東西。」她說：「我沒得選擇。」她經歷了深深的傷心、悲痛和內疚，但從頭到尾，感覺不到一絲憤怒。多年前，她的阿姨走過類似的離婚歷程，阿姨縮進自己的世界裡，數十年來一直在等她先生發覺自己做錯了、求她讓他回來，最後癌症病逝時，她還在等先生回頭。阿姨的憂傷在蕾娜的心頭盤繞，知道自己心裡一定藏著一股憤怒，即使她感覺不到。一天，她到林子裡散步，想要釋放那股憤怒。她沿著一條小徑走到樹林深處，一個人站在群樹當中，準備扯開嗓門怒吼，但卻吼不出來。越是試圖親近那股憤怒，她的感覺就越麻木。

「要怎麼感覺和表達我的憤怒呢？」她問我：「我好怕憤怒的感覺，不想去感受它。」

「首先，請賦予它正當性。」我告訴她。

正因為你是人，所以有權感到憤怒，那是一種人性化的情緒。

無法釋放憤怒時，我們要不是在否認自己受到傷害了，要不是否認我們也是人。（完美主義者就是這樣默默吃苦受罪的！）無論何者，我們都在否認現實、自我麻痺、假裝沒事。但這麼做不會讓你自由。

大吼大叫捶枕頭、一個人去海邊或山上迎風大叫、拿一根粗大的棍子狂敲地板。我們既然會一個人邊開車邊哼歌，那何不一個人大吼大叫呢？把每一扇車窗都搖起來，深吸一口氣，吐氣時發出聲音，讓音量越來越強，漸漸變成全世界最長、最響亮的怒吼。當患者表情僵硬地來找我，一副有所掩飾或偽裝的模樣，我就會說：「今天我特別想要叫一叫。我們一起大叫好嗎？」然後我們就一起大叫。如果你不好意思一個人鬼吼鬼叫，那就找一位朋友或治療師陪你一起叫，因爲叫一叫眞的很痛快！而且，聽到自己用充滿感覺、不假雕飾的聲音，把內心最難表達的眞實情緒流露出來，眞的是一種很深刻，甚至很振奮的體驗。聽聽卸下僞裝的自己說：「我受到傷害了，但我不是受害者。我就是我。」

憤怒是次要的情緒，它形成一層防禦，主要的情緒被包在憤怒這副盔甲裡。我們要把憤怒燒穿，才能直搗藏在盔甲底下的東西：恐懼或悲傷。

唯有如此，我們才能開始最艱鉅的任務：原諒自己。

·生命不斷給予選擇自由的機會·

在八月的一個星期五下午，回到家時發現有個男人站在我家門前。他穿著卡其褲和polo衫，胸前別了一枚看起來很像官方的識別徽章。「我是自來水公司派來的。」他說：「我要檢查府上的自來水有沒有受到汙染。」

我開門讓他入內，帶他到廚房。他把水龍頭打開，檢查了浴室的水龍頭，接著又說：「可能有金屬汙染的問題，我得請主管過來。」他用手機聯絡同事來支援。

一個穿著相同服裝、別著相同徽章的男人來了，他們把全部的水龍頭再試一遍，然後說我得把身上所有的金屬物品都拿掉，手錶、腰帶、首飾等等。我拿掉項鍊和手鍊，但戒指比較難拆，因爲我有關節炎，戒指上特別訂做了小小的別針，讓我可以解開，否則戒指套不過我腫起的關節。可是，關節炎也讓我很難解開別針，於是我請這兩位男士幫我拔戒指。

他們又把水龍頭試了一遍，並對自來水做了某種測試，接著叫我去浴室，把洗手檯的水龍頭打開，讓水流到變成藍色爲止。於是我走去浴室，把水龍頭打開，看著自來水一直流。等啊等，我突然意識到某件事。我跑回廚房，但他們已經不見了——連同我的項鍊、手鍊和戒指。

警方說我成了知名犯罪集團最新下手的目標了，他們專門鎖定老人家。我覺得自己怎麼那麼笨、那麼好騙，居然上這種詭計的當。一想到自己有多笨、多麼容易相信別人，我就覺得無地自容。是我放他們進來的，親手把首飾交到對方手裡……我乾脆開一張支票給他們好了！

警方和我的孩子們看法不同。他們說：「感謝老天妳照辦了。」雖然東西被拿走，但他們沒有傷害我，要是我試圖反抗，搞不好對方會把我綁起來，或發生更不堪設想的後果。一切都乖乖照他們說的做搞不好救了我一命。

這種看法很有幫助，但並沒有帶走我的感受。

首先是失落感。我失去了自己很珍惜、很寶貝的東西，尤其是那條瑪麗安妮出生時，畢拉送給我的手鍊，我把它藏在她的尿布裡，從斯洛伐克偷渡出來。它代表生命、母職和自由——這一切都是值得慶祝和爭取的東西，沒有它，我總覺手腕空蕩蕩的。

其次是恐懼，有好幾天，我都忍不住覺得他們會回來把我滅口，免得我亂說話。

再來還有一股痛斥罪犯、懲罰罪犯和消滅罪犯的欲望。想像自己對他們怒吼：「你們的母親是這樣教育你們的嗎？不覺得可恥嗎？」

接下來是我自己的恥辱感。是我把門打開，我回答了他們的問題、遵從指示，伸出手讓他們把我的戒指拔下來。我痛恨這樣的自己，勢單力薄、意志薄弱、容易上當。但唯一把這些標籤往身上貼的人就是我。

我的意思是，生命不斷給我選擇自由的機會。**生命不斷給予機會愛自己本來的樣子，包括人性化和不完美的部分。所以我原諒自己，對他們釋懷，如此一來，才能對自己釋懷。**

我有日子要過，有工作要做，有愛要分享。我沒時間再抱著恐懼、憤怒或羞愧不放，那兩個人已經從我這裡偷走一些東西，我不會再給他們任何東西了，我不要交出自己的力量。

‧我沒有罪，而且自由‧

在我最近一次的歐洲之旅中，奧黛莉和我到阿姆斯特丹，我在安妮之家演講後，伊霍娜‧德‧詠以最隆重的方式向我致敬。她是荷蘭國家芭蕾舞團的首席舞者，以我在奧斯威辛集中營第一晚爲門格勒獻舞的事爲靈感，編了一支舞並上臺演出。

演出時間在二〇一九年五月四日。那天是我從貢斯基輿集中營獲釋的七十四週年紀念日，同時也是荷蘭的國殤紀念日，舉國上下爲集中營的亡靈和倖存者默禱兩分鐘。奧黛莉和我抵達劇院時受到熱烈歡迎，大家爲我們鼓掌獻花，甚至哭著擁抱我們。國王和王后來晚了，他們的座位就給了我們。

表演本身是我這一生最美、最珍貴的經驗之一。我完全被伊霍娜‧德‧詠的力量、優雅和熱情征服，陶醉在這支舞對人間地獄的絕美刻畫中。對門格勒的刻畫甚至更令人絕倒。他化成一縷飢餓、可悲、空虛的鬼魂，步步逼近囚徒，也就是我。但他困於對權力與控制的需求，永遠無法滿足。

舞者謝幕時，觀衆響起如雷的掌聲。掌聲漸歇之際，伊霍娜‧德‧詠抱著滿懷的花束步下舞臺，直接朝奧黛莉和我坐的地方走來。聚光燈打在我們身上。這位芭蕾舞名伶抱住我，眼裡滿是淚水，接著，把懷裡最大的花束獻給我。整個劇院裡氣氛激昂、情緒高漲。離開座位時，我眼裡還是滿滿的淚水，眼睛都看不見路了。

我花了那麼多年的時間處理內心的憤怒與哀痛，放下門格勒和希特勒，原諒苟活下來的我。但和女兒在那間劇院裡，看著人生中最黑暗的時刻躍上舞臺，再一次體認到那天在營地就明白的道理——儘管門格勒擁有一切權力，儘管他日復一日伸出醜陋的手指，指定誰生誰死，他比我還更像囚犯。

我沒有罪，而且自由。

§解開耿耿於懷的仇恨之鑰

一、**我準備好要原諒了嗎？想一個對不起你或傷害你的人：**以下敘述有沒有哪一句話說中你的心坎？「她做的事不可原諒。」「他還沒贏得我的原諒。」「我準備送她寬恕這件大禮了。」「我要是原諒他，那豈不便宜他了？」「原諒他就是允許他繼續傷害我。」「一旦正義得到伸張，或是聽到他道歉或認錯，我就會原諒他。」如果你對以上任何一句有共鳴，你很可能還在花力氣對抗某個人，而不是把力氣花在自身和你值得擁有的人生上。寬恕不是你給別人的禮物，而是釋放自己的辦法。

二、**承認憤怒，釋放憤怒：**和自己的憤怒約個會。如果宣洩怒氣的想法太可怕，不敢一個人面對，那就請你信任的朋友或治療師幫忙。賦予你的憤怒正當性，選擇一個抒發的方式，化解這股怒氣。大吼大叫、捶沙包、用棍子敲地板、到戶外露臺砸盤子……燃起胸中熊熊的怒火，把它發洩出來，免得它在心裡潰爛、汙染你的心。在怒氣宣洩一空前都不要停下來，隔天或隔週再跟你的憤怒約會一次。

三、**原諒自己：**如果很難放下某個傷害過你的人，有可能是因為你心裡懷著罪惡感或羞恥感，或對自己下了什麼論斷。我們生來都是無罪的，想像懷裡抱著一個嬰兒，感受這個小傢伙的溫暖與信賴，望著那雙睜得大大的眼睛和伸直的小手。大大的眼睛裡透著好奇，小小的手彷彿要捕捉整個浩瀚世界的每一個細節，這個寶寶就是你，請對他說：「有我在，我為你而活。」

結語

禮物

我們無法逃離痛苦、改變不了已經發生的事，但可以選擇找出生命中的禮物，甚至學著珍惜自己的傷口。

匈牙利有句格言說：「最黑暗的陰影就在蠟燭底下。」我們的光明與黑暗、陰影與火燄密不可分。在奧斯威辛集中營的第一晚是我人生中最可怕的一夜，那個夜晚卻爲我上了不可或缺的一課，爲從此以後的人生賦予強大的力量。最惡劣的處境給了我發掘內在資源的機會，而內在的資源一次又一次地幫助我生存下來。那些年的內省，身爲芭蕾舞學生和體操選手的孤單和努力，幫助我從地獄活了下來，而地獄教我繼續爲人生起舞。

即使有不可避免的創傷、痛苦、哀愁、悲慘和死亡，生命仍是一件禮物。當我們將自己禁錮在對懲罰、失敗與遺棄的恐懼之中、對肯定的需求之中、羞愧與自責之中、高低尊卑之中、對權力與控制的需求之中，就破壞了這件禮物。擁抱生命的禮物就是從每一件事當中找出珍貴之處來，即使是那些我們不確定能撐過去的時刻。

一言以蔽之：要擁抱生命，活出喜悅、愛和熱情。

有時候，我們覺得走出悲痛或創傷、玩得開心、過得愉快、繼續成長茁壯，彷彿就是對逝者不敬或否認過去，但，笑一笑是沒關係的！玩得開心也是沒關係的！就連在奧斯威辛集中營，我們都時時在腦海中找樂子、煮大餐，爭論最好吃的黑麥麵包要加多少茴香籽、匈牙利紅椒雞要加多少紅椒粉。有一晚，我們甚至舉辦了美胸大賽！（猜猜看誰贏了？）

我不能說一切都是有原因的，不公不義或痛苦磨難都有它的意義，但我敢說痛苦、困境和折磨是幫助成長和學習的禮物，是經過了這一切的洗禮，才成爲自己該有的樣貌。

在戰時最後的那段日子裡，我們挨餓，在營地裡爆發了吃人事件。我倒在泥濘的地上動不了，餓到產生幻覺，祈求能有一個辦法讓我不用吃人肉活下去。一道聲音說：「妳可以吃草。」即使站在死神面前，我都有選擇，我可以選擇要吃哪一片草。

以前我會問：「爲什麼是我？」但現在我會問：「爲什麼不呢？」我存活下來，或許是爲了選擇怎麼面對過去、活在當下；或許是爲了讓別人看看如何選擇活下去；或許是爲了讓家父家母和所有無辜的人不要白白死去；或許是爲了把我在地獄中學到的一切變成現在要送給你的禮物：決定自己想要哪一種人生的機會、發現藏在陰影裡，尙未開發的潛能的機會，以及揭露和主張眞實的你的機會。

親愛的，願你也選擇放下心牢，做好放自己自由的功課，從磨難中找出屬於你的人生教訓，選擇要讓這世界繼承什麼遺產——是要把痛苦傳下去，還是把禮物傳下去？

謝詞

我總說出現在我生命中的人是被派來的。

上天派了數不清的貴人來，我有幸享受他們的貢獻。大家直接或間接促成了這本書的誕生，要把每一位感動我、啓發我和照顧我的人都列出來是不可能的。感謝所有碰觸過我的生命、對我有信心、指引我不要放棄的人，你們給了我獨一無二的禮物，我珍惜你們在我人生中的存在。感謝你們爲我的花籃裝滿花朵、幫助我面對未知、應付出乎意料和不可預期的狀況，也幫助我爲生命和自由負起責任。感謝我的病患啓發我永不退休，謝謝你們對我提出的問題，是你們教我如何當個好的輔導者。感謝全球各地從我的作品中找到意義的讀者，尤其是把自己的故事告訴我的讀者，謝謝你們給我的感動，謝謝你們讓我把這些心得分享出來，有了這樣的分享，大家都能一起學著用滿滿的熱情迎接每一天，學著讓自己自由。

感謝我的老師以及所有指導我和支持我走上療癒藝術這門專業的人，也感謝所有持續投身於輔導工作的人，謝謝你們以身作則——在照顧好自己的同時也無私貢獻自己，創造一個更好的世界，活出「改變就是成長」的教誨。特別感謝亞克伯．馮．偉林克及其同事在荷蘭和瑞士當我的嚮導兼保母，沒有他們就沒有那次旅程，是他們讓我和有緣人結緣，也帶我到備受款待和深受感動的地方。願我們都能用生命中的每一刻，以自己的差異給予彼此力量，共組一個全體人類的大家庭。

感謝在日常生活中給我支持的人，尤其是史考特．麥考爾醫生和薩賓娜．瓦拉科醫生，兩位從不懷疑我的耐力。我的舞伴吉恩．庫克，總是懷著最大的善意而活。我的左右手凱蒂．安德森，她助我時時掌握一切、支援我處理任何事情，並爲我示範如何當一個負責的人。謝謝你們所有人照顧我的身心靈，總是把我的最佳利益放在心上，每天提醒我自我照顧就是愛自己。

完成第一本書是美夢成眞，出版第二本書則是我從來意想不到的事情。若是沒有一支不同凡響的團隊，我就不可能做到這一切：我的朋友和啦啦隊長溫蒂．沃克，她是啓迪人心的好榜樣，爲我示範如何當一個眞正的求生者、如何活在當下；我慧眼獨具的編輯洛茲．李佩爾和南．葛拉漢，以及他們在斯克里布納出版社的厲害同事們；喬丹．英格力和依林吉兒．英格力在社群媒體上分享我要傳達的訊息；我的經紀人道格．艾伯斯和他在點子建築師的夢幻工廠；和我合作寫書的艾思梅．蕭爾．韋岡，她把我的文字變成詩。

給我的女兒、最強大的姊妹花瑪麗安妮和奧黛莉，妳們體現了求同存異的藝術。謝謝妳們教我選擇不要當一個受害者或拯救者，以及對本書的積極貢獻，妳們的敏銳幫忙萃取出我的作品在理論面和實務面的精華。給我的兒子約翰，謝謝你每天透過爲別人奉獻所展現出的勇氣。

給未來的世代和過去的先人，謝謝你們讓我看到身上流著求生者的血液，我們永遠都能活得自由，永遠不會成爲任何人事物的受害者。

國家圖書館出版品預行編目資料

什麼樣的禮物可以拯救你的人生？／伊蒂特・伊娃・伊格（Edith Eva Eger）著；
祁怡瑋 譯. -- 初版. -- 臺北市：圓神出版社有限公司, 2021.08
240面；14.8×20.8公分. --（勵志書系；146）
譯自：The Gift: 12 Lessons to Save Your Life
ISBN 978-986-133-773-9（平裝）
1.自我實現 2.人生哲學

177.2 110008878

Eurasian Publishing Group
圓神出版事業機構
圓神出版社
Eurasian Press

www.booklife.com.tw reader@mail.eurasian.com.tw

勵志書系 146

什麼樣的禮物可以拯救你的人生？

作　　者／伊蒂特・伊娃・伊格（Edith Eva Eger）
譯　　者／祁怡瑋
發 行 人／簡志忠
出 版 者／圓神出版社有限公司
地　　址／臺北市南京東路四段50號6樓之1
電　　話／（02）2579-6600・2579-8800・2570-3939
傳　　真／（02）2579-0338・2577-3220・2570-3636
總 編 輯／陳秋月
主　　編／賴真真
責任編輯／歐玟秀
校　　對／歐玟秀・吳靜怡
美術編輯／簡瑄
行銷企畫／陳禹伶・林雅雯
印務統籌／劉鳳剛・高榮祥
監　　印／高榮祥
排　　版／陳采淇
經 銷 商／叩應股份有限公司
郵撥帳號／ 18707239
法律顧問／圓神出版事業機構法律顧問　蕭雄淋律師
印　　刷／祥峰印刷廠
2021年8月 初版

定價 330 元　ISBN 978-986-133-773-9　